RYUHO OKAWA

DER PFAD ZUM GLÜCK

AF144581

RYUHO OKAWA

DER PFAD ZUM GLÜCK

GLÜCK

WIE IHR NOCH IN DIESEM LEBEN
ZU LEIBHAFTIGEN ENGELN WERDEN KÖNNT

Die Originalausgabe erschien 2011 unter dem Titel
»Shinjitsu-e-no-Mezame«
bei IRH Press Co., Ltd., Tokio.

Das Material in diesem Buch stammt aus einer Sammlung mehrerer
Vorträge von Ryuho Okawa vor Live-Publikum.

1. Auflage August 2013
© Ryuho Okawa 2011
© der deutschsprachigen Ausgabe 2013 bei IRH Press Co., Ltd., Tokio,
in der Happy Science Gruppe
Aus dem Englischen übersetzt von Andrea Fischer
Titelbild: Bruce Rolff / Shutterstock
Herstellung & Verlag: BoD™ – Books on Demand GmbH, Norderstedt
Printed in Germany
ISBN 978-3-732253-01-2

www.happy-science.eu

INHALTSVERZEICHNIS

VORWORT

Dieses Buch ist ein schriftliches Zeugnis meiner Entschlossenheit, meine Lehren weiter zu verbreiten, selbst auf die Gefahr hin, dass ich dafür mein Leben lassen muss. Im November 2010 reiste ich mit eisernem Willen um die halbe Welt nach Brasilien und bestritt in einer Woche fünf Vorträge. Diesen Wunsch wollte ich mir unbedingt erfüllen, koste es, was es wolle. Kurz bevor ich nach Brasilien aufbrach, hielt ich eine Rede vor meinen Schülern, um ihnen meine letzten Worte mit auf den Weg zu geben, falls mir etwas zustoßen sollte. Ich wollte mir sicher sein, dass ich ihnen alles mir Mögliche gesagt hatte, bevor ich ging.

Unterwegs hatte meine Maschine im Flughafen von Dallas eine vierstündige Auftankpause. Mein Herz wurde schon derart leidenschaftlich von meinem inneren Drang erfasst, dass ich meinen Sekretären ausrichtete, dass ich gern unmittelbar nach der Ankunft, noch direkt am Flughafen, eine erste Ansprache halten wolle. Als mein besorgtes Personal mir erklärte, dass ich gar keine Anhänger hatte, die in Dallas lebten, rief ich aus: »Prima – dann zieht doch los und sucht mir ein Paar Skorpione, die mir als Publikum dienen können!«

Dieses Buch ist eine Sammlung von Vorträgen, die vor brasilianischem Publikum gehalten wurden. Ich hatte bei diesen Reden jedoch die ganze Welt im Hinterkopf, in der Hoffnung, dass ich für meine Lehren bei Happy Science eine universell einsetzbare Einführung für Anfänger erarbeiten würde. Ich halte es von all meinen Veröffentlichungen für das beste Einsteigerbuch für Neumitglieder in Japan, in den Vereinigten Staaten und überall sonst.

Ryuho Okawa
Gründer und Vorsitzender der
Happy Science Gruppe
Januar 2011

EINFÜHRUNG

»Unzählige Engel im Himmel arbeiten als Diener Gottes und sind Tag und Nacht darum bemüht, das Unglück in dieser Welt zu lindern. Ich hoffe, dass auch ihr zu Engeln werdet, die in ihrem täglichen Bemühen, diese Welt mit zu reinigen und den Himmel auf Erden zu verwirklichen, niemals zögern werden.«

Meister Ryuho Okawa

Das vorliegende Buch von Meister Ryuho Okawa offenbart die Kraft, die in euch allen, ihr Kinder Gottes, steckt, damit ihr euren persönlichen Charakter weiter entfalten und zugleich die Aussicht auf Frieden und Glück auf der Welt generell verbessern könnt. Meister Okawa glaubt, dass ihr alle von Natur aus das Potenzial besitzt, zu Engeln Gottes zu werden, während ihr auf Erden lebt. Ihr müsst lediglich erwachen und die Wahrheit eures Wesens erkennen – erwachen zu der Erkenntnis, dass ihr spirituelle Wesen seid, die während ihres Daseins auf Erden heilige Aufgaben erfüllen sollen.

Dieses Buch soll euch der Ermutigung dienen, die spirituellen Aspekte eures Lebens zu erforschen, das Licht Gottes in euch zu sehen und zu glauben, dass die Welt Gottes und der Himmel kein Mythos sind, sondern Wirklichkeit – eine Wirklichkeit, die weitaus größer und wunderbarer ist, als ihr euch jemals vorstellen könnt. Auf diesen Seiten inspiriert euch Meister Okawa dazu, eure Leidenschaft für euer spirituelles Selbst zu entdecken. Darüber hinaus befähigt er euch dazu, das ewige Glück zu erstreben, das er beschreibt.

Diesem Buch entspringt eine sehr tiefe Weisheit – die

doch so einfach ist. Diese umfassenden Lehren vereinen und verschmelzen kulturelle, spirituelle, religiöse und materielle Glaubensvorstellungen aus aller Welt, die seit Tausenden von Jahren in einem beständigen Konflikt gestanden haben, auf harmonische Weise miteinander. Millionen von Lesern und Anhängern über alle Landesgrenzen und religiöse Schranken hinweg schätzen Meister Okawas Lehren, die heutzutage in vielen Sprachen zur Verfügung stehen. Dies ist ein Buch für alle Völker aller Rassen, ganz gleich, welche spirituellen und religiösen Wege sie gerade beschreiten.

In seinem Heimatland Japan ist Meister Okawa ein allseits bekannter spiritueller Anführer, der bereits mehr als 2.000 Vorträge im gesamten Land gehalten hat. Er unternimmt auch viele Reisen ins Ausland, um die Worte Gottes allen Menschen in allen Teilen der Welt zu vermitteln. In den letzten Jahren hat er vor Publikum in New York, Los Angeles, San Franzisko, London, Seoul, Taiwan, Sydney und São Paulo gesprochen. Wer ihn live erlebt hat, ist von seiner Würde und Kraft fasziniert, die von seiner Gegenwart und seinen Worten ausgehen. Viele Menschen sind bewegt von seiner Liebe und seinem Mitgefühl und sehen in ihm die Stimme des Himmels.

Er gründete 1986 die spirituelle Bewegung Happy Science und hat seitdem bis Juli 2013 über 1.200 Bücher veröffentlicht. Er hat allein im Jahr 2010 sage und schreibe 51 Werke auf dem Büchermarkt veröffentlicht. Seine Bücher sind mittlerweile in 19 Sprachen übersetzt worden, unter anderem ins Englische, Spanische, Portugiesische, Chinesische, Französische, Koreanische und Deutsche.

Bei seiner jüngsten Reise nach Brasilien im November 2010 hielt er eine einwöchige Serie von 5 Vorträgen in São Paulo, Sorocaba und Jundiai. Diese sind alle hier in diesem Buch zusammengefasst. Obwohl diese Vorträge vor brasilianischem Publikum gehalten wurden, wenden sie sich mit ihren Inhalten alle unverkennbar an Menschen aller Altersklassen, Rassen und Glaubensrichtungen. Diese Reden vermitteln Meister Okawas Leidenschaft, allen Menschen auf der Welt den Pfad des Glücks und den Pfad zum Himmelstor zu bringen.

Eines der Hauptthemen in »Der Pfad zum Glück« ist Meister Okawas Überzeugung, dass man spirituelles Glück nicht einfach so erlangt, wenn man ins nächste Leben tritt, wie es einige Religionen lehren. Ihr müsst es vielmehr während eures Lebens auf Erden erwerben. Als Kinder Gottes habt ihr die Möglichkeit, ein lebendiger Engel zu werden, der von Glück erfüllt ist, während ihr euer Ziel verfolgt, den Menschen auf Erden weltweiten Frieden, immerwährendes Glück und Fülle zu bringen. Diese heilige Mission erfordert Hartnäckigkeit. Doch die Anstrengung, die solch heiliges Bestreben erfordert, ist die Essenz dessen, was euch immerwährende Freude gibt, sowohl während dieses zeitlich begrenzten Aufenthalts auf der Erde als auch in der nächsten Welt. Dieses Buch wird euch durch die universellen Wahrheiten führen – die Wahrheiten Gottes, die euer Leben und die ganze Welt steuern.

Im 1. Kapitel »Euer persönlicher Pfad zum Glück« ermutigt euch Meister Okawa dazu, selbst zum Drehbuchautor eures Lebens zu werden. Ein Funken Gottes ist in jedem von euch lebendig. Daher besitzt ihr die Macht, euren Geist in jede Richtung zu lenken. Ihr könnt beschließen, an das Licht Gottes in eurem Herzen anzudocken, euren Geist mit dem Himmel zu verbinden und für mehr Glück in der Welt zu leben. Wenn ihr in dem Glauben lebt, dass euer persönliches Glück sowie das Glück anderer immer Hand in Hand miteinander gehen, werdet ihr ein lebendiges Symbol für das Licht Gottes werden.

Das 2. Kapitel »Erweckt eure Seele für die Wahrheiten Gottes« offenbart Lebensprinzipien, die ihr anwenden könnt, um euren Geist zuversichtlich in den Himmel zu richten. Ihr könnt euren persönlichen Pfad zum Glück ebnen und euch selbst erretten, indem ihr die Werke Gottes kennen lernt und erfahrt, wie sie euren Geist beeinflussen. Wenn ihr diese erst einmal verstanden und auch gelernt habt, wie ihr euren Geist mit dem Himmel in Resonanz bringen könnt, werden die Engel euch viel besser helfen können. Meister Okawa beschreibt die vier Grundpfade, die euch, wenn ihr ihnen folgt, zu eurer Bestimmung im Himmel führen werden. Er fasst diese vier Grundpfade in folgenden vier einfachen Worten zusammen: Liebe, Weisheit, Selbstreflexion und Fortschritt. Zusammen bilden sie eine Lebensweise, die euch dazu bemächtigt, euren Geist in den Himmel zu richten, während ihr noch durch das Leben auf Erden steuert.

Im 3. Kapitel »Engel vertreiben die Finsternis und verbreiten Liebe« beschreibt Meister Okawa, wie ihr dauerhaftes Glück entwickeln könnt, das euch in die nächste Welt bringen kann, ohne dass ihr euer Glück in diesem Leben opfern müsst. Viele Religionen predigen von Gott, von Himmel und Hölle, doch nur wenige, wenn überhaupt, lehren euch, wie ihr in dieser Welt die Art von sinnvollem Glück erlangen könnt, die euch in den Himmel geleiten kann. Es hängt alles von der Intensität eurer Liebe sowie davon ab, wie ihr euch den Kräften des Bösen widersetzen könnt, während ihr darum bestrebt seid, leibhaftige Engel zu werden, und euch darum bemüht, anderen Menschen Glück zu bringen. Bei diesem Bestreben mögt ihr vielleicht sowohl in eurem Innern als auch in der Außenwelt Bösem begegnen. Die Lehren des Meisters werden euch helfen, Neid und Hass zu überwinden und den Engel in euch zum Leben zu erwecken. Er wird euch den starken Glauben vermitteln, dass das Böse gegen Gott und seine Engel nicht ankommen kann, und dass ihr als treibende Kraft dienen könnt, um den Himmel auf Erden zu verwirklichen.

Im 4. Kapitel »Wenn man sich für unbesiegbar hält, kann man jede Herausforderung im Leben meistern« wird die Philosophie von Meister Okawas Denken nach dem Motto: »Ich bin unbesiegbar« erläutert. Niemand ist jemals immun gegen die Versuchungen und die Mühsal, die das Leben uns tagtäglich beschert. Doch mit der Einstellung »Ich bin unbesiegbar« könnt ihr euer Leben unter Kontrolle bekommen. Diese Haltung gibt euch die Kraft, in den Niederlagen und Rückschlägen den Erfolg zu entdecken. Bei dieser Philosophie geht es nicht nur um Optimismus oder Bejahungen. Sie begründet sich auch nicht darauf, dass sie die Realität verleugnet. Die Vorstellung »Ich bin unbesiegbar« bedeutet vielmehr, dass man die Hindernisse, auf die man stößt, ebenso wie die Niederlagen, die man wohl niemals überwinden wird, voll und ganz akzeptiert. Wenn ihr so denkt, könnt ihr die Liebe Gottes erkennen, die sich hinter der Maske eurer Probleme verbirgt, und so zu einem reicheren und erfüllteren Leben finden. Meister Okawa zeigt euch, wie man aus jedem Gefecht als Sieger hervorgeht.

Im 5. Kapitel »Das Tor zu Wundern öffnen« offenbart Meister Okawa seine leidenschaftliche Herzensbotschaft – er beschwört euch, zu eurem Glauben an Gott und den Himmel zu erwachen, der euch von Natur aus mitgegeben ist. Seine Lehren, die Wahrheiten Gottes, werden eure Seelenerinnerungen an die mystische Welt, die euch umgibt, erwecken. Je mehr euer Glaube an Gott und den Himmel wächst und sich überall auf der Welt verbreitet, desto mehr mystische Phänomene wird er auslösen, die das Leben unzähliger Menschen verändern werden. Heute schon könnt ihr zu denjenigen gehören, die die Wunder des Himmels erfahren dürfen.

Im 6. Kapitel schließlich, in der »Fragestunde mit Meister Okawa«, listet unser Meister Fragen auf, die ihm seine Zuhörer immer wieder stellen. Es geht dabei um Themen wie die Frage, ob man sein eigenes Schicksal ändern kann, welche die spirituellen Ursachen sind, die zu Depressionen führen, ob es eine Vorbestimmung gibt, usw. Als Experte für die Seelenwahrheit und die geistige Welt kann er umfassend Fragen beantworten, auf die keine andere Religion, auch nicht das Christentum, je eine Antwort hat finden können. Er wird euch zeigen, welche Absichten Gott wirklich verfolgt. Anders als das Furcht einflößende und strafende Porträt, das manche Religion von Gott zeichnen, ist der wahre Gott ein Gott der unendlichen Liebe und der Barmherzigkeit.

Die Stunde der Wahrheit schlägt hier und jetzt – die Stunde, in der wir alle unseren inneren Engel erwecken müssen. Dieses Buch lässt euch einen Blick auf eine starke spirituelle Bewegung erhaschen, für die man in vielen Teilen der Welt bereits Feuer gefangen hat, während Menschen des Glaubens und des Mutes ihre heilige Berufung angenommen haben, um aktiv dabei zu helfen, Frieden, Liebe und Erleuchtung auf Erden zu verwirklichen. Diese Seiten widmet Meister Okawa seinen höchsten Segensgaben, dem Pfad zu eurem Glück, sowie dem Pfad zum Himmelstor.

»Wir Menschen haben die Macht, uns in unserem Wesen zu verändern, uns zu verbessern und unsere Zukunft in eine Zukunft großer Träume und Ideale zu verwandeln. Das macht uns zu Kindern Gottes. Das ist unsere göttliche Natur.«[1]

---

1   2. Kapitel, »Erweckt eure Seele für die Wahrheiten Gottes«

1. Kapitel

EUER PERSÖNLICHER PFAD ZUM GLÜCK

So ebnet ihr euch den Weg zum Glück

Auf dem Weg von São Paulo zu unserem Tempel in Jundiai über die Autobahn konnte ich nicht umhin, unwillkürlich die vielen Schlaglöcher im Asphalt zu bemerken. Die Fahrt war derart holprig und kurvenreich, dass ich tatsächlich glaubte, wir seien auf einer Landstraße. Ich war überrascht, als man mir sagte, dass wir uns auf der Autobahn befänden. Ich war auch gleichermaßen überrascht darüber, wie viel Müll auf der Straße lag.

Ich verbrachte die Fahrt tief in dem Gedanken und der Überlegung versunken, dass ich genau wie diese Straße bin, dass ich dieser »Pfad zum Glück« bin. Ich stellte mir vor, wie es sich anfühlt und was es bedeutet, eine Straße zu sein. Ich dachte mir: »Auf meinem Rücken fahren unzählige Autos entlang, und es laufen auf mir auch jede Menge Menschen herum.« Viele Menschen werfen ihren Müll auf die Straße – und dennoch trägt die Straße unablässig Lastwagen von einem Ort zum anderen. Straßen sind nützlich und wichtig, doch manchmal werden sie als selbstverständlich erachtet und respektlos behandelt. Aber so liegen die Dinge nun einmal – manchmal.

Wenn ich mein Leben rückwirkend betrachte, so denke ich unwillkürlich an meinen ersten Vortrag in Tokio im November 1986, als ich vor einem Publikum von mehr als 90 Menschen sprach. Heute, 24 Jahre später, sind wir so stark gewachsen und haben uns so vergrößert, dass wir einen »Shoshinkan«, einen Haupttempel, in Brasilien gebaut haben, der buchstäblich auf der anderen Seite der Welt steht. Mit Freude darf ich daher feststellen, dass ich nach einer Reise um die halbe Welt endlich auf der anderen Seite der Erde angekommen bin.

Wie ich bereits unzählige Male geschrieben und gesagt habe, besteht meine Mission darin, Gottes Wahrheiten zu lehren, und zwar nicht nur in Japan, sondern auch allen Menschen – überall. Dieses Sendungsbewusstsein wird in mir nun erneut geweckt, während ich um die Welt reise. In diesem Sinne möchte ich euch mit Tipps versorgen bzw. daran erinnern, wie ihr Glück finden könnt.

Ihr seid der Drehbuchautor eures Lebens

Ihr – und kein anderer – könnt über euer Glück oder Unglück entscheiden. Wenn ihr glaubt, dass euer Glück oder Unglück davon abhängt, dass andere euch sagen, ob ihr glücklich oder unglücklich seid, dann liegt ihr falsch. Es liegt ganz allein an euch zu entscheiden, ob ihr glücklich seid oder nicht. Sagt euch jeden Morgen beim Aufwachen: »Ich bin es, der bestimmt, ob der heutige Tag mit Glück erfüllt sein wird oder nicht. Es liegt allein an mir.« Erinnert euch den ganzen Tag über immer wieder an diesen Gedanken. Ihr allein seid es, und niemand sonst, die bestimmen, ob euer Tag fröhlich oder freudlos sein wird.

Angenommen, der Himmel ist beispielsweise von dunklen Wolken überzogen, und ein starker Wind treibt sie rasch vor sich hin. Es sieht ganz nach Regen und Gewitter aus. Dann könntet ihr denken, dass euer Tag wegen des Wetters verdorben sein wird. Doch vergesst nicht, dass andere sich sagen: »Trotz Regen und Gewitter war ich imstande, einen Vortrag von Meister Okawa zu besuchen, der extra den ganzen Weg von Japan bis hierher auf sich genommen hat. Ich habe mich einfach nicht vom schlechten Wetter davon abhalten lassen, den Meister zu hören.«

Ich habe viele Male – immer wieder mit anderen Worten – gepredigt, dass ihr nicht zulassen dürft, dass das Wetter oder irgendwelche anderen Umstände in eurem Leben bestimmen, wie ihr euch fühlt. Ihr besitzt die Macht, eure Gedanken zu kontrollieren. Wenn ihr innerlich von Freude erfüllt seid, spielt das Umfeld keine Rolle mehr. Wenn ihr wenigstens diesen einen Punkt verstehen könnt, dann wandelt ihr nicht weit vom Pfad des Glücks durchs Leben.

Ihr seid der Drehbuchautor eures Lebens. Ihr entscheidet über euer eigenes Glück oder Unglück. Euer Geist entscheidet sich für das eine oder andere. Bitte vergesst diese Wahrheit nicht. Dies ist eine meiner Grundsatzlehren.

Einige von euch sind vielleicht Immigranten. Ihr glaubt womöglich, dass euer Glück oder Unglück von eurem Umzug in ein fremdes Land abhängt. Doch bedenkt bitte, dass in der Vergangenheit auch viele Menschen in fremde Länder eingewandert sind, und dass jeder von ihnen das Glück oder Unglück mit eigenen Händen ergriffen hat. Jeder von ihnen war der Schöpfer seines eigenen Lebens. Alles beginnt mit dieser Tatsache.

Es ist sehr leicht, die Schuld auf andere Menschen oder das Umfeld zu schieben, in dem man lebt. Ich selbst kann auch nicht ganz leugnen, dass diese Dinge einen gewissen Einfluss auf uns haben. Schlechtes Wetter kann bewirken, dass wir uns mürrisch fühlen, und es ist auch schwer, irgendeine Motivation zu finden, wenn die Wirtschaft schlecht läuft. Es ist in der Tat auch schwierig, nicht enttäuscht zu sein, wenn uns jemand kritisiert oder missachtet. Dennoch liegt die Entscheidung, wie ihr auf diese äußeren Einflüsse reagiert, bei euch.

Während die herkömmlichen Religionen ein schwaches Bild von der Menschheit zeichnen, lehre ich den Glauben an eine viel stärkere Form des menschlichen Daseins. Jeder Einzelne von euch besitzt viel mehr Anpassungsfähigkeit, als ihr denkt. Warum ich das sage? Weil Gott die Menschen erschaffen hat, wie viele von euch wahrscheinlich schon bei verschiedenen Religionen gelernt haben, einschließlich dem Christentum. Da Gott die Menschen erschaffen hat, steckt in jedem menschlichen Wesen ein Funke Gottes. Dies ist eine unumstößliche Tatsache.

Was ist Gott? Gott ist Licht, und ein Funke dieses Lichts wohnt auch in euch. Habt daher bitte mehr Selbstvertrauen. Euer wahres Selbst ist in Wirklichkeit viel, viel stärker als ihr wisst. Ihr strotzt nur so vor Kraft mit einem viel größeren Potenzial, als euch bisher bewusst gewesen ist. Ihr besitzt eine große Kraft in eurem Innern, euch selbst zu verwandeln.

Während ihr euch bemüht, euch zu verändern und be-strebt seid, Gott immer näher zu kommen, wachen die Geist-wesen im Himmel über euch und lenken euch von einer Welt aus, die jenseits dieser Welt liegt. Ihr könnt sie Götter nennen. Doch es gibt viele Wesen, die ganz nahe bei Gott leben, die so genannten Engel, Bodhisattwas und Tathaga-tas[2]. Sie sind geistige Anführer des Lichts, die immer über euch wachen. Wenn ihr das Licht Gottes in euch entdeckt, brechen sie in Jubel aus. Sie sagen: »Endlich bist du erwacht! Endlich ist der Moment gekommen! Endlich bist du zu dei-nem wahren Selbstwert erwacht.« Bitte wisst, dass sich diese Wesen, die in einer Welt leben, die euren physischen Augen verschlossen ist, freuen, dass ihr endlich zu eurer Mission in diesem Leben erwacht seid und mit der eigentlichen Arbeit beginnen könnt, zu der ihr gekommen seid.

---

2   Der Himmel ist in verschiedene Ebenen unterteilt. Je höher die Dimension ist, desto näher stehen ihre Bewohner Gott. Bodhisatt-was sind göttliche Geister, die in der siebten Dimension des Himmels zu Hause sind. Sie sind Engel des Lichts, deren Rolle von Altruismus und selbstlosen Akten der Barmherzigkeit gegenüber anderen Menschen ge-prägt ist. Sie arbeiten praktisch, als Diener Gottes, um den Menschen die Erlösung zu bringen. Tathagatas sind Erzengel, die in der achten Dimen-sion des Himmels residieren. Ihre Kraft und Stärke der Barmherzigkeit übersteigt noch die der Bodhisattwas. Sie konzentrieren sich vornehm-lich darauf, Lehren, die auf Gottes Wahrheiten basieren, zu entwickeln, sowie anderen Engeln und den Menschen auf Erden Führung und Lei-tung angedeihen zu lassen. Tathagatas sind Wesen, die den menschlichen Seinszustand überwunden haben und ganz nahe bei Gott sitzen.

Auch ich bin von einem Ort im Himmel weit oberhalb der Erdoberfläche dieser Welt zur Erde gekommen. Ich komme mit einer großen Aufgabe, die meine Bestimmung ist: Diese lautet, die Wahrheiten zu verbreiten. Ich glaube, dass mein Leben nicht mein Eigenes ist. Ich glaube, dass mein gesamtes Leben zu 100 % auf Gottes Plänen beruht. Ich glaube ganz fest, dass ich das Licht bin, das hell auf Erden scheint.

Unendlich viele Menschen werden den Pfad gehen, den ich allen voran beschreite, denn meine Füße werden den Pfad zu ihrem Glück ebnen. Die vielen Schwierigkeiten, die ich im Leben erfahren habe, bedeuten mir nichts, da es mir Freude bereitet, zu wissen, dass viele Menschen dem Pfad in meinen Fußstapfen folgen werden. Es bereitet mir große Freude zu wissen, dass ich andere glücklich mache. Dies gilt nicht nur für mich, sondern auch für jeden Einzelnen von euch.

Ihr werdet niemals Glück finden, wenn ihr es nur für euch selbst sucht. Wer sein persönliches Glück verfolgt, denkt nur daran, den Mitmenschen in seinem Umfeld Liebe abzuziehen und die Liebe anderer an sich zu ziehen. Menschen mit dieser Einstellung glauben, dass sie Liebe von anderen nehmen, und andere ihnen Glück geben müssen. Wenn sie dann mit dem, was sie sich genommen haben, unzufrieden sind, wenn sie die Liebe und das Glück nicht in dem Maße erhalten haben, wie sie es verdient zu haben glauben, verwandelt sich ihre Unzufriedenheit in Groll gegen die Gesellschaft oder Wut auf die ganze Welt. Sie reagieren ihre Frustration und ihre Unzufriedenheit an ihren Mitmenschen ab. Bei manchen wird der Groll so aggressiv, dass sie deshalb Verbrechen gegen die Gesellschaft begehen und die Menschen in ihrem eigenen Umfeld verletzen.

Diese Menschen glauben, dass Liebe etwas ist, was sie von anderen geliefert bekommen. Tief in ihrem Innern glauben sie, die Menschen in ihrem Umfeld hätten die Verpflichtung, sie glücklich zu machen. Doch so ist es ganz und gar nicht. Wir haben die Pflicht, anderen Menschen Glück zu bringen. Es ist unsere ehrwürdige Pflicht, andere zu lieben – und weil wir diese ehrwürdige Pflicht besitzen, anderen Freude zu bereiten, haben wir nicht nur das Recht, unser persönliches Glück zu finden – nein, es steht vielmehr in unserer Verantwortung, es zu finden.

Die glücklichsten Menschen dieser Welt sind die, die in der Überzeugung leben, dass ihr individuelles Glück und das Glück anderer Menschen immer Hand in Hand einhergehen. Viele dieser Menschen sind stetig darum bemüht, anderen durch ihre Arbeit Liebe zuteilwerden zu lassen. Ihr Leben besteht daraus, anderen Menschen Glück zu »liefern«. Wer von euch nach diesem Credo lebt, bringt Licht in die Welt. Ihr seid das Licht der Welt. Dieses Licht kommt von Gott, und ein Funke von Gottes Licht wohnt in jedem von euch. Lebt in dem brennenden Verlangen, anderen Glück zu bringen, und verbringt euer Leben, indem ihr im Sinne der Liebe handelt. Wenn ihr solch ein Leben führt, werdet ihr mit Gewissheit erleben, wie sich vor euch der Pfad eures persönlichen Glücks auftun wird.

Selbst die Länder, die heutzutage unter Armut und Kriminalität leiden, können unter der Generation eurer Kinder oder Enkelkinder zu Weltzentren werden. Es gibt Länder in dieser Welt, die voller Kriminalität und Armut stecken, beispielsweise Brasilien. Doch eben diese Länder haben auch Aussicht auf eine vielversprechende Zukunft. Die Vereinigten Staaten hatten ihr Goldenes Zeitalter. Japan hatte eine Phase des Wohlstands. Heute gewinnt China in rasendem Tempo Bedeutung als Supermacht. Indien wird sich als nächste Weltmacht hervortun. So manche Wirtschaftsprognosen sagen diesem Land voraus, dass es China bis zum Jahr 2050 überholt haben wird. Eine weitere Prognose lautet, dass Brasilien als nächste potenzielle Weltmacht aufsteigen wird.

Ich reise nicht nur um die Welt, um zu euch zu sprechen, die ihr derzeit unter den Lebenden weilt. Ich besuche auch jedes Land, um Samen der Hoffnung für die Ungeborenen zukünftiger Generationen zu säen – Samen zu säen, die dem betreffenden Land dazu verhelfen werden, für die gesamte Welt zum Leuchtturm zu werden. Es wird mit Sicherheit eine lichterfüllte Zukunft kommen. Ja, vielleicht werdet ihr den Kampf gegen die Armut, die Turbulenzen einer strauchelnden Wirtschaft, den Kummer und die Strapazen einer Krankheit oder auch eine Zukunft hinnehmen müssen, die es euch nicht erlaubt, diesen Pfad einzuschlagen. Ihr dürft jedoch niemals vergessen, dass das Werk, das ihr heute verrichtet, für die nächsten Generationen zum wundersamen Evangelium werden wird. Ihr seid es, die die Samen der Hoffnung für die Zukunft legen.

Ich hoffe aufrichtig, dass ihr alle zum Wohle der Menschen, die in Zukunft geboren werden, zu »Anwendern des Glücks« werdet. Bitte werdet zu lebendigen Symbolen für Gottes Glück. Das Erste, was ihr hierzu wissen müsst, ist, dass es eure persönliche Verantwortung ist, euch zwischen Glück oder Unglück zu entscheiden.

Eure Seele ist euer wahres Selbst

Ich habe während der vergangenen 30 Jahre die geistige Welt erforscht und studiert. Auch wenn viele meiner Bücher noch in andere Sprachen übersetzt werden müssen, habe ich bereits über 1.200 Bücher in japanischer Sprache herausgegeben und mehr als 2.000 Vorträge gehalten. Ich habe unablässig neue Lehren vorgestellt und damit viele Menschen auf den Pfad des Glücks geführt. Ich möchte gerne, dass ihr Eines wisst: Die geistige Welt, zu der sowohl Himmel als auch Hölle gehören, gibt es wirklich. An dieser Wahrheit gibt es keinen Zweifel.

Wenn ihr sterbt, werdet ihr in die geistige Welt zurückkehren. Doch ihr könnt nur euren Geist, sozusagen das Herzstück eurer Seele, mit in die geistige Welt nehmen. Etwas anderes könnt ihr nicht mitnehmen. Eure materiellen Besitztümer, die euch auf Erden gehören – euer Haus, euer

Geld, eure Kleider und sogar eure akademischen Grade und euer Status in der Welt – sie alle sind im Angesicht des Todes gegenstandslos.

Euer spiritueller Körper, der in eurem physischen Körper lebt, ist euer »wahres Selbst«. Da ein Funke von Gottes Licht in jedem von euch zu finden ist, bedeutet dies, dass eure Seele euer wahres Selbst ist. Bitte bleibt stets bei dieser Wahrheit.

Wenn ihr in die geistige Welt zurückkehrt, werdet ihr nach der Klarheit, Reinheit, Schönheit und Fülle eures Geistes beurteilt werden. Wenn ihr durch die Himmelstore schreitet, werdet ihr nur euren Geist vorzuweisen haben. Vertieft euren Glauben und euer Wissen um diese Wahrheit, soweit ihr könnt. Da euer Geist das einzige Gut ist, das ihr mit in die andere Welt nehmen könnt, sind alle Erfahrungen, die ihr in dieser Welt macht, Hilfsmittel, um euren Geist zu reinigen und auf Hochglanz zu polieren. Dies, und nichts anderes, ist der Sinn und Zweck eures Lebens.

Keiner von euch wird imstande sein, jegliche Schwierigkeiten, Widrigkeiten, Rückschläge, zerbrochene Beziehungen und Ereignisse, die tiefes Leid nach sich ziehen, ganz zu vermeiden. Das Grundlegende besteht jedoch darin, diese Ereignisse und Erfahrungen zu nutzen, um euren Geist zu polieren und ihm einen strahlenden Glanz zu verleihen. Manche Menschen verweilen in der Verletzung und dem Schmerz, die andere ihnen zugefügt haben. Manche trachten in ihrem Leben nur noch danach, sich an denjenigen zu rächen, die sie verletzt haben. Doch es ist ein großer Fehler, so zu leben. Diese Welt soll für euch ein Ort sein, an dem ihr alle möglichen Erfahrungen machen könnt. Sie soll eine Gelegenheit bieten, um im Herzen erfüllt, aufrichtig und rein zu werden.

Der Glaube verleiht Kraft

Ihr werdet Momente erleben, da ihr euch verloren fühlt und nicht wisst, wofür ihr euch entscheiden sollt. Diese Welt steckt voller Verlockungen, die nur noch mehr zur Verwirrung beitragen. Wenn ihr euch im Leben verloren vorkommt und nicht wisst, wohin ihr euch wenden sollt, entscheidet euch in jedem Fall für den Glauben. Bitte trefft die Entscheidung, nur für den Glauben zu leben.

Menschen, die sich für den Glauben entscheiden, sind in keinster Weise schwache Menschen. Im Gegenteil – diese Entscheidung beweist, dass man wirklich Mut besitzt. Es erfordert großen Mut, an etwas zu glauben, das völlig unsichtbar ist, und sein Leben Werten zu verschreiben, die wir nicht mit unseren Augen wahrnehmen können. Menschen, die gläubig sind, sind nicht schwach. Sie sind tapfere, starke Personen, die von Gott wirklich geliebt werden. Gott erwartet von diesen Menschen große Dinge. Bitte seid euch im Klaren darüber, dass ihr ohne den Glauben nicht imstande sein werdet, die Mauer zu überwinden, die zwischen dieser und der anderen Welt existiert.

Nahezu 30 Jahre sind nun mittlerweile ins Land gezogen, seitdem ich erstmals die Wahrheiten zu ergründen suchte. Ich habe viele Botschaften von mehreren Hundert geistigen Führern erhalten, die im Himmel leben. Doch alles, was ich in diesen 30 Jahren gelehrt habe, ist von Dauer. Meine Lehren basieren auf dem, was ich auch hier in diesem Werk erkläre.

Was ich euch in diesem Kapitel erläutere, ist die wahrhaftigste Form der Wissenschaft. Bei der Wissenschaft geht es um den Forschergeist – den Geist, der das Unbekannte nie verleugnet und dieses sucht. Das Unbekannte zu suchen bedeutet nicht, das Zeitalter der Wissenschaft zu verleugnen, in dem wir uns heute befinden. Stattdessen beziehe ich mich auf wissenschaftliche Lehren über die Zukunft, über das Glück und die geistige Welt. Die Wissenschaft umfasst auch das Mystische.

Ich hoffe von ganzem Herzen, dass all die Länder in der Welt weiterhin und in Zukunft noch größere Fortschritte machen werden.

2. KAPITEL

ERWECKT EURE SEELE FÜR DIE WAHRHEITEN GOTTES

Der Glaube an die geistige Welt ist der Beginn der Erleuchtung

Immer wenn ich in einem Tempel irgendwo auf der Welt einen Vortrag gehalten habe, bitte ich das Publikum, Fragebögen auszufüllen. Ich bin immer wieder angenehm überrascht, wie aufmerksam die Zuhörerschaft ist, und wie viele Themen für Reden ich aus ihren Fragen und Antworten entnehmen kann. Ich habe festgestellt, dass sich alle Menschen, ganz gleich, wo sie leben, über die gleichen Dinge Sorgen machen und die gleichen Dinge erstreben. Zu meiner großen Freude kann ich anhand der Fragebögen ablesen, dass meine Lehren die Herzen vieler Menschen erreicht haben und wahrhaftig die Kraft besitzen, Menschen zu erretten.

Ungeachtet dessen, wo die Menschen leben, müssen sie bestimmte Bedingungen erfüllen, damit sie als wert erachtet werden, Teil der Menschheit zu sein. Die Kriterien, die Menschen zu dem machen, wer sie sind, und die die Standards bilden, nach welchen sie leben sollen, kann man zusammenfassen mit: »Bewusstsein für die Wahrheiten Gottes«. Was bedeutet »Bewusstsein für die Wahrheiten Gottes«? Im Kleinen meint es das spirituelle Bewusstsein jedes Einzelnen für die Wahrheiten der Welt, sowie, wer der Betreffende wirklich ist. Es ist der persönliche Prozess der Erleuchtung jedes Einzelnen. In einem breiteren Kontext jedoch bezieht es sich auch auf den ersten Schritt hin zu einer Erleuchtung, die die gesamte Menschheit gleichermaßen betrifft. In diesem Kapitel will ich über die Kriterien sprechen, die nötig sind, um zu dieser spirituellen, universellen Wahrheit zu erwachen.

Der erste Schritt zur Erleuchtung besteht darin, zu verstehen, dass es neben dieser Welt eine große geistige Welt gibt, die die Erde umgibt und auch mit umfasst. Jeder muss unbedingt wissen, dass die wahre Welt weit jenseits der Welt existiert, in der wir gerade leben. Dadurch, dass wir von dieser anderen Welt wissen, gelangen wir zu der Erkenntnis, dass es Gott ebenfalls geben muss. Die jenseitige Welt ist unser wahres Zuhause, in das wir alle nach unserem Tod zurückkehren. Aufgrund dieser Wahrheit erkennen die Menschen, dass die Erde ein Ort ist, an dem unsere Seelen ein Training oder eine Art Wettkampf in einer Disziplin absolvieren.

Diese einfachen und grundlegenden Wahrheiten muss der moderne Mensch unbedingt wissen und verstehen. Alle Menschen, ganz gleich, wo sie auf Erden leben, sollten zu diesen spirituellen Wahrheiten erweckt werden. Die heutige Welt ist seit der Zeit der alten Zivilisationen gewaltig gewachsen und hat seitdem enorme Fortschritte gemacht. Doch trotz der Fortschritte im Bereich von Wissenschaft und Technologie haben die Menschen die einfachsten und doch grundlegendsten Wahrheiten aus dem Blick verloren, nach welchen wir alle leben müssen. Wir leben in einem Zeitalter, in dem Helikopter häufig den Himmel durchkreuzen, doch das bedeutet nicht automatisch, dass sich die grundlegenden Wahrheiten dieser Welt jemals verändert hätten.

Meine Erleuchtung in Bezug auf die geistige Welt

Ich habe mit meiner Lehrtätigkeit vor etwa 30 Jahren begonnen, als ich vom Himmel geistige Botschaften diktiert bekam und automatisch mitschrieb. Später begannen die Geister, meine Stimmbänder zu benutzen, um durch mich zu sprechen. Danach erreichte meine eigene Erleuchtung eine solch hohe Stufe, dass ich imstande war, die Gesetze des Universums von meiner eigenen Bewusstseinsstufe aus zu lehren.

Allein im Jahr 2010 habe ich über 200 Vorträge gehalten. Meine persönliche Identifikation und mein Pflichtgefühl, was die Erfüllung meiner Berufung als religiöser Anführer und Erlöser betrifft, begannen, konkrete Formen anzunehmen. Ich fordere meine Anhänger immer auf, die Wahrheiten bis in alle Ecken dieser Welt zu verbreiten. Ich selbst bin in dieser Hinsicht aber auch aktiv geworden und habe die Wahrheiten überall gepredigt. Mein Ziel ist es nicht nur, den Menschen in Japan die Erlösung zu bringen, sondern auch, Gottes Wahrheiten bis in alle Winkel dieser Welt zu verbreiten.

In einem früheren Leben, vor 2.500 Jahren, wurde ich als Shakyamuni Buddha in Indien geboren. Als sich mein Leben nach 80 Jahren seinem Ende zuneigte, legte ich das Versprechen ab, 2.500 Jahre später wieder geboren zu werden, um in einem östlichen Land in Asien erneut die Wahrheiten zu lehren. 1956, exakt 2.500 Jahre, nachdem Shakyamuni Buddha in die nächste Welt hinübergegangen war, bin ich in Japan geboren worden. Dies war ein bedeutendes Jahr, denn viele Länder in Asien feierten damals den 2.500. Jahrestag der Rückkehr von Shakyamuni Buddha in den Himmel. Ich hielt mein Versprechen, in Japan wiedergeboren zu werden, und erlangte im Alter von 24 Jahren die Erleuchtung. Mit 30 Jahren dann begann ich, aktiv zu werden und eine religiöse Bewegung zu gründen, die diese Wahrheiten verbreiten sollte.

Bitte seid euch bewusst, dass ich nur alle 3.000 Jahre einen Teil von mir zur Erde sende. Folglich müssen die Lehren, die ich den Menschen auf Erden zuteil kommen lasse, 3.000 Jahre lang Bestand haben. Mit diesem Pflichtgefühl vermittle ich euch die universellen Wahrheiten, zu welchen auch die Prinzipien zählen, die euch in die Welt des Glücks führen werden. Ich lehre euch diese Wahrheiten und Prinzipien auf einfache und unkomplizierte Weise, so dass ich möglichst vielen Menschen Erleuchtung bringen kann.

Viele erhabene Geistwesen, die in den höchsten Reichen der geistigen Welt im Himmel leben, versuchen stets, den Menschen auf Erden Lehren zuteilwerden zu lassen. Sie übermitteln diese Wahrheiten über eine oder mehrere ausgewählte Personen. Auf diese Weise sind Gottes Wahrheiten schon immer im Laufe der Menschheitsgeschichte den Menschen auf Erden gelehrt worden. So ist es auch jetzt wieder. Über meine Lehren teilen euch eine Unmenge an göttlichen Geistern ihre einzigartigen Botschaften mit.

Ich bin Experte für die geistige Welt und für spirituelle Wahrheiten. Als Meister dieser unsichtbaren Welt möchte ich euch Lehren und Prinzipien zuteilwerden lassen, die im Leben nach dem Tod zur Welt des Glücks führen. Für dieses Kapitel habe ich eine Lehre gewählt, die auf dem Buddhismus basiert. Im 3. Kapitel werde ich Lehren abhandeln, die im Inhalt dem Christentum nahestehen.

Der Pfad, der in den Himmel führt, beginnt mit dem Glauben

Ob wir im nächsten Leben Glück oder Unglück haben werden, ist ultimativ besiegelt, wenn wir diese Welt verlassen und in die andere Welt zurückkehren. Der erste Schritt zur Erleuchtung besteht in der Erkenntnis, dass die geistige Welt existiert, und dass eure Reise zurück in die »richtige« Welt hier und jetzt beginnt. Der zweite wichtige Punkt, auf den ich euch hinweisen muss, lautet, dass ihr überlegen und prüfen müsst, ob euer bisheriges Leben und eure bisherige Lebensweise mit dem Himmel in Resonanz gestanden oder in Richtung der Welten der Hölle abgedriftet sind. Ihr könnt euer Leben dahingehend überprüfen und selbst zwischen beiden unterscheiden.

Alle Menschen, die in den Himmel zurückkehren, weisen die gleichen, klaren, gemeinsamen Merkmale auf. Das allererste Merkmal ist der richtige Glaube. Wer nicht den richtigen Glauben besitzt, muss als menschliches Wesen noch weiter reifen, denn der Glaube ist eine der Grundvoraussetzungen dafür, dass man wirklich voll und ganz ein Mensch ist. Tiere besitzen keinen Glauben. Wir jedoch, die der menschlichen Rasse angehören, und besonders diejenigen von uns, die gern erhöht sein möchten, müssen den richtigen Glauben haben.

Was versteht man unter dem »richtigen Glauben«? Die Prinzipien des Glücks, über die ich sprechen werde, sind Bestandteil dieses richtigen Glaubens. Diese vier Prinzipien, die ich unter dem Sammelbegriff »der Vierfache Pfad« zusammenfasse, sind Voraussetzung dafür, um menschliches Glück zu erlangen.

Der Vierfache Pfad – führt zu spirituellem Glück

Die Prinzipien des Glücks auf dem Vierfachen Pfad sind: Liebe, Weisheit, Selbstreflexion und Fortschritt.

LIEBE

Der Mensch neigt dazu, Liebe zu begehren. Er sucht sie bei anderen für sich selbst. Dies jedoch wird euch nicht in den Himmel führen. Ihr dürft vielmehr, um in den Himmel zurückkehren zu können, nicht Liebe nehmen, sondern müsst vielmehr genau das Gegenteil tun – ihr müsst Liebe geben. Den Pfad in den Himmel findet der, der anderen seine Liebe ohne Hintergedanken oder Erwartung eines persönlichen Nutzens oder Nachteils schenkt. In diesem Sinne können wir unsere Brüder und Schwestern lieben, die mit uns gemeinsam heute auf Erden leben. Was bedeutet nun eigentlich »lieben« genau?

Lieben bedeutet,
die Schönheit in anderen Menschen anzuerkennen.

Lieben bedeutet,
anzuerkennen, dass der andere ebenfalls das Recht hat,
Glück zu finden.

Lieben bedeutet,
andere dazu zu motivieren, ein herrliches Leben zu führen,
und sich nicht nur auf das eigene Leben zu fixieren.

Lieben bedeutet,
Freude zu empfinden, wenn man einen anderen Menschen sieht.

Findet das Glück, werdet reich!
Oder: Nehmt den richtigen Pfad.

Dies ist das Prinzip der Liebe.

WEISHEIT

Das zweite Prinzip ist die Weisheit. Zum Prinzip der Weisheit gehört in der heutigen Zeit die Kenntnis der verschiedenen Weltsichten, die in unserem modernen Zeitalter herrschen. Der wichtigste und grundlegendste Teil dieses Prinzips ist jedoch die Erkenntnis, die euer Bewusstsein und Wissen um das Zusammenspiel zwischen dieser und der anderen Welt erweitern wird. Bei der Weisheit geht es darum, die richtige Sicht des Lebens, ein präzises spirituelles Wissen über den Sinn des Lebens, zu entwickeln. Dies ist der einzige Besitz, den ihr nach eurem Tod in die andere Welt mitnehmen könnt.

Daher müsst ihr mit einer spirituellen Lebenseinstellung leben – darauf will dieses Prinzip hinweisen. Jeder muss sich tagtäglich materiellen Dingen widmen, um seinen Lebensunterhalt in dieser Welt zu sichern. Wir alle haben einen Beruf, eine Familie, für die wir sorgen müssen, sowie viele andere Verpflichtungen, die uns beschäftigt halten. Doch wir sollten uns von den Kleinigkeiten unseres Lebens, die uns ständig beschäftigt halten, nicht völlig aufzehren lassen. Wir müssen uns daran erinnern, dass wir spirituelle Wesen sind, und dass für jeden von uns der Zeitpunkt unaufhaltsam näher rückt, an dem wir diese Welt verlassen müssen und in die Nächste reisen werden.

Ihr könnt mit einer spirituellen Lebenseinstellung leben, indem ihr euren derzeitigen Entwicklungsstand von der Warte aus betrachtet, von der aus ihn Gott aus seiner Sicht sehen würde. Prüft jeden Tag, ob Gott eure Lebensweise für gut befinden würde. Das Prinzip der Weisheit handelt von der Kraft, die entsteht, wenn man es sich zur täglichen Gewohnheit gemacht hat, sein eigenes Leben stetig zu überprüfen.

Es handelt außerdem von der Kraft, die man erlangt, wenn man die Erfahrungen und das Wissen, das man bis heute erlangt hat, in die Weisheit verwandelt, auf Erden ein Leben in Wundern zu führen. Ihr könnt Hinweise auf diese Weisheit in den Worten der göttlichen Geistwesen im Himmel finden, die mit ihren geistigen Botschaften durch mich gesprochen haben. Vielleicht mögt ihr auch in meinen Vorträgen den einen oder anderen Hinweis entdecken, wie ihr ein besseres Leben führen könnt. Im Grunde geht es bei dem Prinzip der Weisheit darum zu versuchen, mit den Augen Gottes durchs Leben zu gehen und ein Leben zu führen, das er gutheißen würde.

SELBSTREFLEXION

Das dritte Prinzip ist das Prinzip der Selbstreflexion. Ich habe herausgefunden, dass christliche Doktrine meist keine tiefgehenden Lehren über Selbstreflexion anbieten. Die katholischen Kirchen bieten Beichtstühle an, die euch die Chance bieten, eure Sünden zu beichten und Gott um Vergebung zu bitten. Im Gegensatz dazu lehre ich, dass wir alle die Fähigkeit in uns selbst besitzen, über unsere Gedanken und Taten nachzudenken. Ich lehre, dass wir das Potenzial besitzen, selbst zu entscheiden, ob unsere Gedanken und Taten im Angesicht der Wahrheiten richtig oder falsch sind.

Der Sinn und Zweck dieser Übung in Selbstreflexion besteht nicht einfach darin, sich selbst für jeden einzelnen Fehler oder Irrtum, den man begangen hat, zu verurteilen – der wahre Sinn und Zweck der Selbstreflexion besteht darin, das Glück zu finden. Damit meine ich, dass alles, was ihr im Leben erfahrt, auch all die Gedanken, die ihr jemals gehabt habt, sowie all die Dinge, die ihr jemals getan habt, in eurem Geist aufgezeichnet werden.

Wenn ihr diese Welt verlasst und in die andere Welt reist, werdet ihr euer Leben wie eine Art Film in einem Kino ablaufen sehen. Viele eurer nahestehenden Verwandten und Freunde werden diesen Film gemeinsam mit euch anschauen. Eure Mentoren, Eltern, Freunde und früheren Lehrer werden kommen, um diesen Film über euer Leben anzuschauen. Es wird auf eine Länge von etwa ein bis zwei Stunden komprimiert sein. Sie werden diesen Film mit euch zusammen ansehen, um festzustellen, ob ihr Erfolg in eurem Leben hattet oder auch nicht. Wenn ihr euren eigenen Lebensfilm angesehen habt, werdet ihr imstande sein, selbst zu urteilen. Es wird für euch ebenfalls hilfreich sein, die Reaktionen des übrigen Publikums zu beobachten, um zu beurteilen, ob euer Leben richtig oder falsch, ein Erfolg oder ein Misserfolg, war. Dann werdet ihr selbst entscheiden, ob ihr in den Himmel oder in die Hölle geht. Ihr werdet den Weg wählen, der für euch am geeignetsten ist.

Viele Pfade führen in den Himmel, doch ebenso viele führen auch in die Hölle. Ihr werdet an den Ort gehen, der euch das Seelentraining bietet, das für euch das Richtige ist. Wer beispielsweise Menschen tötet, verletzt und vielen

Schaden antut, wird im nächsten Leben den Pfad der Selbst-reflexion einschlagen müssen. Solche Menschen werden in ein Reich kommen, in dem sich Ihresgleichen befinden. Sie werden sich Seite an Seite mit anderen wiederfinden, die beispielsweise viele Menschen erschossen und getötet haben. Indem sie mitten unter solchen Menschen leben, werden sie beginnen, ihr eigenes Spiegelbild in den anderen zu erkennen, als würden sie in einen Spiegel schauen. Sie werden andere Menschen sehen, die ihnen gleich sind, und zurückreflektiert bekommen, wie hässlich es in ihrem Innern aussieht.

Folglich werden wir also nach unserem Tod in eine Welt gehen, die das Merkmal aufweist, das in unserer Seele am stärksten vorherrschend ist. Dort werden wir anderen Seelen begegnen, die die gleichen Tendenzen haben wie wir. Daher fordere ich euch stets auf, Gottes Wahrheiten zu studieren und euch in Selbstreflexion zu üben, während ihr noch in dieser Welt lebt. Dies ist übrigens der Grund dafür, weshalb das Prinzip der Selbstreflexion im Grunde ein Prinzip der Erlösung ist.

Ihr besitzt das Potenzial, euch selbst zu erretten, wenn ihr euch nur die Zeit nehmt, Gottes Wahrheiten zu erfahren und dieses Wissen zu nutzen, um über euer Leben zu reflektieren. Wenn ihr dies während eures Aufenthalts auf Erden tut, müsst ihr es vielleicht in der anderen Welt nicht mehr tun. Wenn ihr euch derart bemüht, werden euch die Engel, Bodhisattwas und Tathagatas im Himmel ihre helfenden Hände entgegenstrecken. Die versammelten Geistwesen im Himmel sind da, um Menschen zu helfen, die sich selbst stetig weiterentwickeln. Diese Geistwesen werden ihr Licht mit Sicherheit auch auf euch scheinen lassen.

Bitte wisst, dass eine Spontanerlösung selten ist. Erlösung erfordert stets auch eine Anstrengung von eurer Seite. Ihr müsst euch eurer eigenen Fehler bewusst werden, um wahrhaftige Erlösung zu finden. Viele Religionen reduzieren ihre Lehren in diesem Punkt und erwecken den Anschein, dass die Erlösung eine einfache Sache sei. So können sie ihre

Lehren viel weiter verbreiten – und dies ohne große Anstrengung. Doch es ist sehr wichtig, dass der Einzelne so viel Erleuchtung wie möglich erlangt, was seine göttliche Natur betrifft, und für sich selbst bestimmt, wie er im Angesicht seiner inneren Göttlichkeit leben sollte. Dies ist die Lehre von der Selbstreflexion. Sie verleiht euch die Kraft, euch selbst zu erretten.

Wenn ihr euch in Selbstreflexion übt, werden die Fehler, die ihr gemacht habt, sowie die Sünden, die ihr begangen habt, gelöscht. Der bloße Glaube an Jesus wird nicht ausreichen, um eure Sünden zu vergeben oder auszulöschen. Sie werden gelöscht, sobald ihr die Fehler erkennt, die ihr begangen habt, und euch Zeit nehmt, darüber nachzudenken und diese zu bereuen. Selbstreflexion wird diese Fehler, die in eurem Geist abgespeichert sind, verändern.

Wenn ihr dann in der nächsten Welt den besagten Film eures Lebens anschaut, und das Publikum Szenen beobachtet, in welchen ihr über euch selbst nachdenkt, sobald ihr einen Fehler begangen habt, werden die geistigen Wesen im Publikum begeistert sein. Ein Beifallssturm wird den ganzen Saal erfüllen. Man wird euch mit einem Seufzer der Erleichterung gratulieren. Dies ist das Prinzip der Selbstreflexion.

FORTSCHRITT

Das letzte Prinzip ist das Prinzip des Fortschritts. Dieses Prinzip lehrt uns, unsere Erleuchtung oder unser Glück nicht für uns allein zu behalten. Stattdessen sollten wir uns darum bemühen, das Glück im Rest der Gesellschaft und des Landes sowie in anderen Teilen dieser Welt weiter zu verbreiten. Dieses Prinzip ermutigt uns, positive und konstruktive Träume und Gedanken zu hegen und unser Bestes zu geben, um ein »Utopia« auf Erden zu erschaffen.

Wenn ihr an diese vier Prinzipien glaubt, werdet ihr nach dem Tod in den Himmel kommen. Es geht hier nicht darum, die Erlösung durch eine Macht oder Quelle von außen zu finden. Ihr werdet euren Weg in den Himmel aufgrund der Anstrengungen, die ihr unternehmt, selbst finden. Bitte bewahrt diese vier Prinzipien in eurem Herzen auf, während ihr durchs Leben geht. Vergesst niemals, alles mit den Augen Gottes zu betrachten, und denkt stets daran, dass ihr am Ende in das nächste Leben weiterziehen werdet.

Wir Menschen besitzen die Kraft, unsere eigene Identität zu verändern, uns selbst zu verbessern und unsere Zukunft in eine Zukunft zu verwandeln, in der große Träume und Ideale Wirklichkeit werden. Das, und genau das, macht uns zu Kindern Gottes. Dies ist unsere göttliche Natur. Möglicherweise werdet ihr hier und da noch schemenhafte Überreste des Bösen oder dunkle Wolken in eurem Geist treiben sehen. Doch tief in eurem Innern seid ihr euch bewusst, dass ihr ein Kind Gottes seid. Erweckt dieses also, und entdeckt das Potenzial in euch, euch selbst erretten zu können. Es ist meine Pflicht, euch dies mitzuteilen.

Indem sie diese Form der Erleuchtung erlangt haben, ist es vielen Menschen gelungen, die bösen Geister loszuwerden, die sie bis dahin besetzt hatten. Viele Menschen haben erlebt, dass ihre Krankheiten geheilt wurden. Ich bin es nicht, der diese Krankheiten heilt oder diese bösen Geister austreibt. Ihr könnt diese Rudimente des Bösen alle selbst vertreiben, indem ihr euren Geist hell erstrahlen lasst.

In diesem Kapitel habe ich euch meine Grundlehren dargelegt: Die Erforschung der richtigen geistigen Einstellung und die Methode, wie man diese Erforschung praktisch durchführt, sowie der Vierfache Pfad der Liebe, Weisheit, Selbstreflexion und des Fortschritts. Dies sind meine Lehren gleichsam in einem Satz zusammengefasst, die absolute Basis der Weisheit, die ich versuche, weiter zu verbreiten. In diesem Sinne ist das, was ich hier erläutere, grundlegend, uneingeschränkt wertvoll und universell gültig für alle Menschen auf Erden. Versucht, euer Wissen um diese Lehren zu vertiefen, und teilt es mit anderen.

3. KAPITEL

ENGEL VERTREIBEN DIE FINSTERNIS UND VERBREITEN LIEBE

Das Licht des Himmels strömt in die Welt

Ich möchte zu euch allen über das Thema »Liebe« sprechen. Insbesondere möchte ich über den Geist Gottes und den Geist der Engel sprechen, wie dies aus der »Himmelsperspektive« aussieht, nicht von dieser Welt aus betrachtet. Ich hoffe, dies wird euch einen Eindruck des wahren Geistes Gottes und der Engel vermitteln. Ich habe dieses Thema erstmals 1987, im Alter von 31 Jahren, aufgegriffen, als ich meinen zweiten öffentlichen Vortrag vor 1.000 Menschen hielt. Der Vortrag trug den Titel: »Das Prinzip der Liebe«. Ich habe mir diesen Vortrag kürzlich wieder angesehen und dabei erkannt, wie viel von dem, was ich vor 20 Jahren gesagt habe, inzwischen Wirklichkeit geworden ist.

Ich habe sehr klar vorausgesagt, was in Zukunft geschehen würde. Ich sagte, dass sich unsere spirituelle Bewegung mit dem Ziel, in dieser Welt ein »Utopia« zu gründen, innerhalb von 10 bis 20 Jahren über die Ländergrenzen hinweg in der gesamten Welt verbreiten würde, und dass diese spirituelle Bewegung sich über eine rein religiöse Philosophie hinaus entwickeln und zu einer gigantischen Welle erheben würde, die viele Bereiche der Gesellschaft verändern würde. Genau so, wie ich es vorhergesagt habe, halte ich heute mein Wort von damals ein und verbreite diese Lehren in alle Ecken der Welt. Ich reise über das Meer und um die ganze Welt, um Vorträge zu halten.

Ich habe mich voll und ganz der Aufgabe verschrieben,

Gottes Wahrheiten zu verbreiten. Ich weiß, das klingt extrem. Doch ich würde nicht zögern, für die Wahrheit zu sterben. Ich setze mein Bemühen Tag um Tag fort und koste jeden Tag voll und ganz aus. Ich weiß daher, dass ich ohne irgendeine Reue sterben könnte, selbst wenn der heutige Tag mein letzter sein sollte.

Ich diene als Stimme, als Sprachrohr, für das Licht, die Weisheit und die Liebe des Himmels. Ich kann nur einmal alle paartausend Jahre zur Erde herabkommen. Daher möchte ich diese Gelegenheit nicht ungenutzt verstreichen lassen. Ich möchte die Worte der Wahrheit an möglichst viele Menschen weitergeben.

Vor 2.000, 3.000, 4.000 Jahren, als das Verkehrssystem noch völlig unentwickelt war, war es schwierig, Wahrheiten zu verbreiten. Heute jedoch sind wir imstande, innerhalb von Stunden ans andere Ende der Erde zu fliegen. Unsere Kommunikationssysteme versenden innerhalb von Sekunden Nachrichten um den gesamten Erdball. Wir können uns überaus glücklich schätzen, in solch einem Zeitalter leben zu dürfen, da die Wahrheit heute mehr Menschen erreichen kann als jemals zuvor.

Japan mag wie eine winzige Insel erscheinen, die auf der Weltkarte in einer Ecke versteckt liegt. Es mag sehr, sehr schwierig sein, an Lehren zu glauben, die von einer solch kleinen Insel kommen. Obgleich ich mehr als 1.200 Bücher in japanischer Sprache veröffentlicht habe – allein 51 Werke im Jahr 2010 – sind bisher nur 35 davon in englischer Sprache veröffentlicht worden. Es braucht aufgrund der Sprachbarriere sehr viel Zeit, bis die Lehren euch erreichen. Derzeit finden sich Gruppen von Menschen, die meine Lehren mit offenen Armen aufnehmen, in mehr als 100 Ländern. Ich bin aufrichtig dankbar, dass ihr aus den wenigen Lehren, die euch derzeit zur Verfügung stehen, die Essenz der Wahrheiten erfasst habt, die ich bis dato mitgeteilt habe, und dass ihr den Pfad des Glaubens eingeschlagen habt.

Mein Heimatland Japan hat in vielen Bereichen, u. a., im

Bereich der Technologie, der Wirtschaft, der Massenmedien und der Politik, große Fortschritte gemacht. Leider hinkt Japan jedoch, was die Religion betrifft, hinterher, und viele Menschen leben dort heute, ohne einem Glauben anzuhängen. In anderen Ländern hingegen mag Religion einen hohen Stellenwert einnehmen, doch manchmal sind auch die Religionen, die man in diesen Ländern findet, noch nicht perfekt. Die meisten Glaubensrichtungen sind nicht imstande, den Menschen wahres, dauerhaftes Glück zu bieten. Ich glaube, dass die Problematik, die dahintersteckt, eine falsch verstandene Liebe ist.

So löst man Neid auf – die Wurzel des Hasses

Wisst ihr, was das Gegenteil von Liebe ist? Es ist nicht der Hass, wie viele Menschen vermuten dürften. Das Gegenteil von Liebe ist – Neid. Viele Menschen auf der gesamten Welt kämpfen mit dieser Problematik. In der Regel ist es Neid, nicht Hass, der Freundschaften, Familien und Beziehungen auseinanderbrechen lässt. Der Neid hat seine Wurzeln in einer sehr grundlegenden Sache, und er hat gefährliche Aspekte und unehrenhafte Kennzeichen.

Wenn ihr Neid hegt, so projiziert ihr diesen nicht unkontrolliert auf irgendjemanden. Die einzigen Menschen, die den Neid in euch entfachen, sind diejenigen, die auf eurem Hauptinteressengebiet große Fähigkeiten aufweisen. Ist es beispielsweise euer Traum, eines Tages ein Fußballprofi zu werden, so kann es sein, dass ihr neidisch auf Menschen seid, die mehr Talent im Fußball besitzen als ihr. Im Gegensatz dazu würdet ihr wahrscheinlich keinerlei Neid gegenüber einem Ringkämpfer hegen. Wenn ihr ein großes Bedürfnis nach Reichtum habt, kann es sein, dass ihr auf die reichen, wohlhabenden Menschen neidisch werdet. Wenn ihr eine romantische Beziehung haben möchtet, werdet ihr neidisch auf die Menschen sein, die beim anderen Geschlecht beliebt sind.

Der erste Schritt, den ihr tun müsst, um Neid zu überwinden, besteht darin, zu verstehen, dass Neid – das genaue Gegenteil der Liebe – ein Teil eures geistigen Mechanismus ist, der versucht, eure Ideale und das Idealbild von euch selbst zu zerstören. Tief in eurem Herzen, in eurem Unterbewusstsein, strebt ihr danach, so zu sein wie eben jene Person, die den Neid in euch entfacht hat – diese Person ist bzw. hat das, was ihr für euch selbst ersehnt.

Das Problem besteht darin, dass der Neid, sobald er in euch hochsteigt, euch daran hindert, eurem Ziel näher zu kommen. Dies tritt ein, sobald ihr diejenigen, die euren Neid erregt haben, kritisiert, schlechtmacht und ihnen ihre Schwächen aufzeigt. Es ist sehr wichtig, dass ihr zu euch selbst ehrlich seid und euch eingesteht, dass ihr sehnsüchtig wünscht, so zu sein, wie die Person, die euren Neid entfacht hat. Dieses Eingeständnis wird euch helfen, eure Gefühle in Zaum zu halten. Ist euer Neid erst einmal besänftigt, solltet ihr diese Person stattdessen segnen.

Ein Herz, das andere segnet, ist ein Herz, das das Gute im anderen bestärkt oder anerkennt – ein Herz, das ein Ideal erstrebt und anderen Menschen Glück wünscht. Solange ihr so denkt, wird euer Leben Schritt für Schritt auf das Ideal hinsteuern, das ihr verfolgt. Angenommen, ihr verfolgt beispielsweise euer Studium mit Leidenschaft. Vielleicht mögt ihr mit Neidgefühlen gegenüber einer Person kämpfen, die als Student sehr versiert ist. Doch ihr dürft darüber nicht lamentieren und die Betreffende kritisieren. Stattdessen solltet ihr die Leistungen dieser Person loben. Wenn ihr dies könnt, werdet ihr dem Ziel, das zu erhalten, was der andere bereits besitzt, ein oder zwei Schritte näher rücken. Bitte vergesst nie, dass Neid ein Hemmschuh für eure Träume ist und euch vom Erreichen eurer Ideale abhalten wird.

Die Menschen sind oft neidisch auf andere, die im Wohlstand leben. Selbst in Ländern, deren Stadtgebiete im Hinblick auf Wachstum und Fortschritt große Sprünge zu machen scheinen, bleiben große Unterschiede zwischen den verschiedenen Einkommensklassen Hauptthema. Viele Menschen leben immer noch in Armut – ein Problem, das die Regierungen nur schwer lösen können. Dieses Problem in Angriff zu nehmen, ist eine sehr große Herausforderung. Wenn der Neid gegenüber jenen Menschen im Wohlstand wächst, schlägt er in Hass um. Wenn das Gefühl des Hasses sich weiter ausbreitet, wird es zur Aggression und führt zu einem Anstieg der Kriminalität. Unsoziales Verhalten und aggressive Gewalttaten gegen die Gesellschaft zerstören lediglich die eigenen Träume und Ideale. Sie schneiden euch nur den Zugang zu eurer Selbsterkenntnis ab.

Wenn ihr mit den Reichen befreundet sein wollt, dann müsst ihr sie von Herzen segnen. Wohlhabende Menschen werden euch gegenüber ihr Herz öffnen, wenn ihr sie beglückwünscht und ihnen zeigt, dass ihr auch so sein wollt wie sie. Auf diese Weise befreunden sich die Wohlhabenden mit den Armen und bringen den Armen bei, wie man im Geschäftsleben erfolgreich wird. Menschen möchten gern mit anderen befreundet sein, die sie segnen. Wenn es euer sehnlicher Wunsch ist, aus dieser Welt einen besseren Ort zu machen, so müsst ihr mit Bedacht ein Herz nähren, dessen sehnlicher Wunsch es ist, mehr Menschen glücklich zu machen, nicht unglücklich. Bitte vergesst dies nicht.

Der erste gefallene Engel

Vor langer Zeit war Luzifer einer der sieben Erzengel. Ursprünglich hieß er »Engel der Weisheit«, »Sohn der Morgenröte« oder »Sohn des Tagesanbruchs«. Doch nach seinem Tod reiste Luzifer zur Hölle und wurde zu Satan. Sein Neid auf Gott hatte ihn so tief stürzen lassen. Ursprünglich war Luzifer ein schöner, strahlender Engel voller Weisheit gewesen. Doch er konnte die Tatsache nicht ertragen, dass er nicht Gott werden konnte, und er war nicht imstande, seinen Neid zu zügeln. Als er auf Erden unter dem Namen »Satan« geboren wurde, lebte er mit Machtgier im Herzen, getrieben von weltlichen Gelüsten und einem Durst nach Dominanz. Dunkle Wolken erfüllten sein Herz, während er sein aggressives Verhalten weiter betrieb, und er konnte nicht in den Himmel zurückkehren. Luzifer, der Erste aller gefallenen Engel, war dem Neid zum Opfer gefallen.

Luzifers Vorbild war Gott. Er wollte genauso werden wie Gott. Luzifer hätte seinen Neid gegenüber Gott unter Kontrolle halten sollen. Er hätte versuchen müssen, Gottes Wesenszügen, Handlungen und dessen Herzen nachzueifern. Luzifer hätte sich auf diese Weise zu seinem idealen Selbst verändern und zu einem Ebenbild Gottes verwandeln können. Doch sein Neid durchkreuzte alles und ließ ihn zur Hölle fahren. Als Luzifer zur Hölle fuhr, litten viele andere mit ihm. Schon damals entwickelte sich eine niedere Hölle, die aus Seelen bestand, die zu Lebzeiten Böses getan hatten. Als Luzifer dann zum Satan wurde, zu einem Teufel in der Hölle, begann er, gegen den Himmel in den Krieg zu ziehen.

Er führte folgenden Krieg: Er fand heraus, dass er keine der Seelen beeinflussen konnte, die im Himmel lebten. Er stellte jedoch fest, dass die Schwingungen der Menschen, die auf Erden lebten, den Schwingungen in der Hölle ähnlicher waren als den Schwingungen im Himmel. Wann immer er also Menschen in dieser Welt aufspürte, die mit den Schwingungen der Hölle in Resonanz waren, schickte er ihnen böse Geister, die sie besetzen sollten. Diese Geister verleiteten die Lebenden dann regelmäßig zu einer zerstörerischen Lebensweise und zerrten diese Menschen schließlich sogleich nach deren Tod direkt in die Hölle. So hat Luzifer es geschafft, die Anzahl der Seelen in der Hölle stetig zu erhöhen.

Die Hölle ist ein finsterer, erbarmungsloser und quälender Ort. Dort gibt es nichts Positives oder Wunderbares. Um dem Schmerz und Leid auch nur ein klein wenig zu entrinnen, kommen die Geister in diese Welt, um Menschen zu besetzen, die Wut, Hass und Neid hegen. Sie besetzen Menschen mit den gleichen Neigungen, die sie selbst auch haben. Während sie diese besetzen, sind diese Geister imstande zu erfahren, wie es sich anfühlt, lebendig zu sein. Zu diesem Zweck treten sie in die Welt und besetzen lebende Personen – und ruinieren damit infolgedessen das Leben dieser Menschen.

Überwindet eure negative Energie

Jeder von euch hat schon einmal – wenn auch noch so wenig – Schadenfreude über das Missgeschick eines anderen empfunden. Niemand kann sagen, dass er noch niemals innerlich gelächelt oder Erleichterung verspürt hat, wenn er miterlebt hat, dass einem anderen etwas missglückt ist oder ein anderer in Not geraten ist. Böse Geister schlagen in solchen Momenten zu. Diese Augenblicke ziehen sie an und ermöglichen es ihnen, sich an euch anzuheften. Eure Schadenfreude über die Misserfolge oder Missgeschicke anderer wird zum Anker, mit dem böse Geister ihre Strickleiter einhängen und aus der Hölle klettern können. Sie werden sich an euch anheften und möglicherweise beginnen, verschiedene Krankheiten hervorzurufen. Vielleicht bewirken sie, dass eure Beziehungen in die Brüche gehen, vielleicht stürzen sie euren Arbeitsplatz oder euer Geschäft ins Verderben, oder sie verführen euch und lenken euer Leben ins Verderben. Sie werden auch euer Familienleben spalten und stiften bei euch zu Hause Unfrieden.

Diese Kette von Ereignissen beginnt mit dem Neid, den ihr gegenüber anderen verspürt. Diese Spirale nach unten beginnt damit, dass ein Herz Vergnügen am Unglück eines anderen findet. Sie beginnt mit einem Herzen, das spürt, dass die Missgeschicke einer anderen Person das eigene Elend irgendwie mindern. Mit diesen erbärmlichen Gedanken lockt ihr böse Geister an. Doch es ist in der Tat nicht sehr schwierig, die Strickleiter zu durchtrennen, die sie nach euch ausgeworfen haben, und sich ihrer wieder zu entledigen. Ihr braucht nur Mitleid und Sympathie gegenüber den Menschen empfinden, die Misserfolge hatten. Ihr braucht nur das aufrichtige Bedürfnis zu haben, diesen zu helfen. Wenn ihr Mitmenschen seht, die Erfolg haben oder Glück finden, teilt ihre Freude und ihre Begeisterung mit ihnen. Böse Geister werden nicht imstande sein, euch Ärger zu machen, wenn ihr eine solche Geisteshaltung einnehmt.

Wenn ihr von Geistern besetzt seid, fühlt sich euer Körper schwer an, und ihr habt immer Beschwerden mit Wetterfühligkeit. Im Falle einer Dauerbesessenheit von bösen Geistern hält dieser Zustand der Depression an, und alles im Leben sieht trüb und grau aus. Ihr werdet glauben, eure Zukunft sei düster. Ihr werdet glauben, dass euch nichts Gutes begegnen kann. Im Leben eines jeden Menschen geschehen gute und schlechte Dinge. Doch ihr reagiert dann heftig auf negative Ereignisse und nehmt positive Dinge immer weniger wahr. Irgendwie müsst ihr aus diesem Teufelskreis ausbrechen. Lasst es nicht zu, dass euer Herz mit Teufeln aus der Hölle in Resonanz geht. Richtet stattdessen euer Herz auf Gott aus. Geht mit eurem Herzen stets in Resonanz mit dem Werk von Engeln.

Engel an eurer Seite

Selbst unter Menschen, die gläubig sind, gibt es nur wenige, die Gott oder die Engel gesehen haben. Die Engel sind unablässig am Werk, Tag und Nacht, um vielen, vielen Menschen zu helfen. Sie helfen Menschen, die unter der Besetzung durch böse Geister zu kämpfen haben. Sie versuchen, ihnen beizubringen, wie sie ihr Herz mit Güte auffüllen können, und führen sie vom Bösen weg. Sie versuchen, ihnen dabei zu helfen, Menschen zu finden, die sie zum richtigen Glauben führen können.

Engel arbeiten auf diese Weise jeden Tag ohne Unterlass.

Doch wahrscheinlich könnt ihr diese Engel nicht sehen. Weil ihr sie nicht sehen könnt, ernten sie nicht euren Dank für die Arbeit, die sie tagtäglich in dem Versuch verrichten, euch zu erretten. Das Wohlwollen, mit dem sie euch umgeben, verpufft unbeachtet.

Gelegentlich seht ihr vielleicht einen Engel in euren Träumen. Möglicherweise hört ihr auch eine Stimme, welche die eines Engels sein könnte. Momente wie diesen könnt ihr erleben, wenn ihr euch einer religiösen Disziplin hingebt. Doch in 99 % aller Fälle verstreicht das Tageswerk der Engel, ohne geschätzt zu werden. Bitte schenkt daher Gott und seinen Engeln durch euren Glauben Dankbarkeit.

Kein Teufel kann es mit Gott aufnehmen

Es gibt die Hölle tatsächlich, und die Teufel führen weiterhin ihren Krieg gegen Gott. Doch das Reich der Teufel kann sich nur bis in diese Welt erstrecken. Die Menschen stellen sich Himmel und Hölle, Gott und die Teufel, als duale Gegensätze vor. Sie betrachten sie als gleichstarke gegensätzliche Kräfte. Doch wie ich bereits in meinen Büchern »Das Gesetz der Sonne« und »Der Aufstieg durch die Dimensionen – Die Gesetze der Ewigkeit« dargelegt habe, ist dem nicht so.

Himmel und Hölle sind keine gleichstarken Welten. In der anderen Welt ist der Himmel ein Ort, der um ein Vielfaches größer ist als die Hölle. Die Hölle nimmt in der geistigen Welt nur einen kleinen Teil ein. Sie ist nur mit dem Bösen in dieser physischen Welt verbunden. Wenn ich zum Vergleich das Bild eines Flusses heranziehe, ist die Hölle die Mündung des Flusses, wo sich das Frischwasser mit dem Meerwasser vermischt. Der Himmel hingegen nimmt die gesamte obere Flussstrecke ein. Sie unterscheiden sich hinsichtlich der Kraft und Stärke enorm voneinander. Bitte vergesst dies niemals.

Kein Teufel kann es mit Gott aufnehmen. Glaubt fest an

diese Wahrheit. Gott und die Teufel sind nicht gleichstark. Kein Teufel ist jemals imstande, Gott zu besiegen, da Gott das Licht ist – eine überwältigende Fülle an Licht.

Die Finsternis kann das Licht niemals besiegen. Die Finsternis an sich existiert nicht wirklich. Die Finsternis existiert nur an Orten, wo das Licht nicht scheint. Wenn Licht scheint, verschwindet die Finsternis.

Wenn ihr glaubt, dass die Finsternis wirklich existiert, liegt ihr falsch. Es handelt sich um eine optische Täuschung. Wenn es irgendwo dunkel ist, dann nur deshalb, weil irgendetwas das Licht abschirmt. Um die Finsternis zu vertreiben und das Licht scheinen zu lassen, braucht ihr nur das Hindernis zu entfernen. Die Disziplin, mit der man das Hindernis beseitigen kann, bezeichnet man als »Glaube«. Es ist eine religiöse Disziplin, und sie erfordert aufrichtiges Bemühen.

Kein Übel kann das Licht Gottes unterdrücken. Kein Übel in dieser Welt kann das Licht besiegen. Nehmt beispielsweise das Licht der Sonne. Es ist unglaublich mächtig. Nichts kann es an Stärke übertrumpfen. Ja, man kann das Sonnenlicht abschirmen und künstlich Schatten machen – einfach, indem man die Hand ausstreckt. Sogar ein dünnes Blatt Papier kann die Sonne verdecken. Doch der Schatten ist dem Sonnenlicht niemals gewachsen. Dieses Wissen wird euch Mut verleihen – einen Mut, der auf dem Glauben basiert. Bedenkt, dass kein Teufel jemals Gott herausfordern und gegen ihn gewinnen kann.

Werdet zu Engeln der Liebe

Um die sieben Milliarden Menschen auf Erden zu erretten, hat Gott unzählige Engel, die jeden Tag unablässig für ihn arbeiten. Die Engel arbeiten Tag und Nacht ohne Pause. Die Geistwesen im Himmel schlafen nie. Nur in dieser Welt ist der Tag in Tag und Nacht unterteilt. Im Himmel gibt es keine Nacht.

Unzählige Engel arbeiten 24 Stunden am Tag, 365 Tage im Jahr, um das Unglück und Leid in der Welt zu lindern. Sie versuchen, diejenigen, die Kummer haben, zu trösten. Doch Gottes Engel dienen auch mit einer anderen Fähigkeit: Sie nehmen diejenigen, die andere in die Finsternis ziehen und ihnen Unglück bescheren, fest an die Hand, um sie zu führen.

Die Engel sind Gottes Liebesboten. Doch Liebe bedeutet nicht nur, dass man immer freundlich ist. Freundlichkeit ist Liebe auf ihrer untersten Stufe. Diejenigen zu korrigieren, die einen Fehler machen, ist aber ebenfalls Liebe. Gerechtigkeit ist eine Manifestation von Gottes Liebe.

Gottes Liebe kann auf Erden viele Formen annehmen. Starke, weise Anführer können als Botschafter der Liebe dienen, selbst wenn ihre Worte manchmal streng klingen mögen. Doch diese Worte sollen euch vom Pfad des Bösen und des Kummers abbringen und euch auf den Pfad des Guten und des Glücks lenken. Die Weisheit und Leitung durch gute Anführer kann eine weitere Form der Liebe sein.

Anfangs sagte ich, dass das Gegenteil von Liebe nicht Hass, sondern Neid ist. Neid war der Grund, weshalb der einstige Erzengel Luzifer in die Hölle gefahren ist. Neid war daher auch der Grund, weshalb die Hölle angewachsen ist. Neid kann leicht in Hass und Abscheu umschlagen und als zerstörerische Taten des Bösen gegen andere sichtbar werden. Doch erinnert euch an Folgendes: Ein Jünger fragte Jesus: »Herr, wie viele Male soll ich vergeben? Bis zu siebenmal?« Jesus antwortete: »Nicht siebenmal, sondern bis zu siebzigmal siebenmal.« Das hat Jesus gesagt. Er sagte, wir sollten 490 Mal vergeben.

Vielleicht kennt ihr Menschen, die ihr verabscheut. Vielleicht habt ihr Menschen, die ihr hasst. Aber habt ihr ihnen jemals 490 Mal vergeben? Wahrscheinlich nicht. Ich sage euch: Ihr müsst noch viel mehr tun als das. Schenkt Liebe, wo euch Hass begegnet. Spült Hass mit einer großen Flut an Liebe hinweg. Lasst die überwältigende Kraft eures Wohlwollens und die Liebe die kleinen Rinnsale von Hass, Wut und Neid hinfortspülen, die versuchen, sich einzuschleichen. Dies ist eine Bedingung, die jedes Land erfüllen muss, um eine hoffnungsvolle Zukunft zu erschaffen.

Wahre Liebe bringt Hoffnung.
Wahre Hoffnung bringt Herrlichkeit.
Wahre Herrlichkeit bringt euch wahre Freiheit.
Wahre Freiheit lehrt euch voll und ganz, was Wahrheit ist.

Werdet Kinder der Wahrheit.
Werdet Kinder der Hoffnung.
Werdet Kinder der Fülle.
Werdet Kinder des Guten.

Und vor allem – werdet Kinder Gottes.
Dies ist meine starke und aufrichtige Hoffnung.

Welchen Pfad müsst ihr als Kinder Gottes erstreben? Werdet einer jener Engel, die niemals in ihren täglichen Bemühungen zögern, dabei behilflich zu sein, diese Welt zu reinigen und in ein »Utopia« zu verwandeln. Ich bin Tausende von Kilometern gereist, um rund um den Globus Vorträge zu halten. Ich führe weiterhin Gespräche, weil ich möchte, dass ihr alle Engel werdet. Ich möchte, dass ihr hier auf Erden genauso wirkt wie die Engel. Das Werk, das ihr hier auf Erden verrichtet, wird zehnmal wertvoller sein, als wenn es in der geistigen Welt geleistet würde.

Ihr könnt den Himmel nicht sehen.
Ihr könnt Gott nicht sehen.
Ihr könnt die Hölle nicht sehen.

Doch ihr, die ihr auf dem Pfad zu Gott und der unsichtbaren Welt des Himmels bleibt, wobei nur der Glaube euch führt – ihr seid genau die Menschen, die zu Engeln werden.

Ich werde von ganzem Herzen dafür beten, dass ihr eure Weisheit weiterhin verbessern und tagtäglich aufrichtige Bemühungen in Richtung auf dieses Ziel unternehmen werdet.

4. Kapitel

WENN MAN SICH FÜR UNBE-SIEGBAR HÄLT, KANN MAN JEDE HERAUSFORDERUNG MEISTERN

Der Erfolg von Happy Science

Im November 2010 veröffentlichte die Diamond Weekly, ein hochrangiges japanisches Wirtschaftsmagazin, einen großen Sonderleitartikel über neue Religionen in Japan. Über die Hälfte des Textes befasste sich mit Happy Science. Laut dem Artikel nimmt Happy Science nun schon seit zwei Jahren hintereinander, im Jahr 2009 und 2010, die Spitzenstellung bei den Religionen in Japan ein. Das Magazin lieferte eine äußerst genaue Analyse von Happy Science und beleuchtete die Thematik gründlich aus mehreren Blickwinkeln.

Mehrere andere neue japanische Religionen haben inzwischen im Ausland Erfolg, doch in Japan selbst übertrifft Happy Science diese laut der Diamond Weekly um das 15-Fache an Größe. Das Magazin stellte fest, dass wir in Japan 11 Millionen Mitglieder, sowie eine weitere Million in Übersee geworben haben. Tatsächlich haben wir sogar noch mehr Mitglieder. Doch das Magazin stellte fest, dass Happy Science sehr stark ist und in seinem Heimatland große Aufmerksamkeit auf sich zieht. Mehr als 80 % der japanischen Bevölkerung sind mit Happy Science und ihren Aktivitäten vertraut. Würdet ihr in Japan danach fragen, wer Ryuho Okawa ist, so würde ihn fast jeder kennen. Jetzt habe ich begonnen, um die ganze Welt zu reisen, um neue Menschen kennen zu lernen. Auf diese Weise verbreiten sich meine

Lehren auch auf internationaler Ebene im Eiltempo.

Happy Science ist auch die meistgeschätzte aller Religionen in Japan. Wir haben unsere Meinung über Regierungsthemen, Politik, Wirtschaft und den Idealzustand der Welt lautstark und klar kundgetan. Keine andere Religion hat ihre Meinung zu modernen Themen der Gesellschaft so dezidiert geäußert wie wir. Gleichzeitig ist Happy Science jedoch auch sehr bekannt für die Tiefe und den Tiefgang ihrer Spiritualität.

Womöglich werden wir in Zukunft auf Kritik stoßen, doch die Wahrheit ist, dass wir innerhalb von nur einem Vierteljahrhundert viel erreicht haben. Die Gesellschaft zollt uns dafür gerade ihre Anerkennung. Eines meiner ersten Bücher wird immer noch – und zwar in vielen Sprachen – gelesen, obwohl es schon so lange her ist, dass ich es geschrieben habe. »Der Aufstieg durch die Dimensionen – Die Gesetze der Ewigkeit« ist ein Buch, das ich geschrieben habe, bevor Happy Science sich fest als Religion formiert und viele Mitglieder angezogen hat. Nun wurde dieses Buch ins Portugiesische sowie in andere Sprachen übersetzt. Es ist sogar verfilmt worden und damit ein richtiger Hit geworden.

Zusammen mit den Werken »Das Gesetz der Sonne« und »Das Goldene Gesetz« ist »Der Aufstieg durch die Dimensionen – Die Gesetze der Ewigkeit« Teil der Basistrilogie, also der drei Grunddoktrinen von Happy Science, die ich im Alter von 30 Jahren geschrieben habe, gerade zu Beginn von Happy Science. Diese Bücher, die inzwischen in vielen Sprachen angeboten werden, bilden das Grundgerüst meiner Lehren und von Happy Science im Ganzen. Obgleich ich sie vor über 20 Jahren verfasst habe, ist ihr Inhalt heute noch relevant.

Das Buch »Denken nach dem Motto: Ich bin unbesiegbar« (»Invincible Thinking«) hat unserer Arbeit den Durchbruch auf nationaler Ebene gebracht. Ich habe es im Alter von 32 Jahren geschrieben. Unsere Organisation war damals gerade einmal etwas mehr als 2 Jahre jung. Das Buch ist eine

Zusammenstellung von vier Seminaren, die ich im Wochenrhythmus vor etwa 1.000 Menschen gehalten hatte. Im ersten Jahr seiner Veröffentlichung wurden in Japan mehr als 2 Millionen Exemplare verkauft. Es stand in der Bestseller-Liste einer großen Tageszeitung. Bis dahin hatte die Öffentlichkeit sich lieber von religiösen Büchern distanziert. Doch sobald die Zeitung eine Rezension veröffentlicht hatte, erlangte das Buch in Japan Ansehen.

Dieses Buch hat sich als recht kraftvoll erwiesen. Auf internationaler Ebene haben die Menschen mittlerweile ihre Unterschiede bezüglich Religion, Philosophie und Glaubensüberzeugung überwunden und studieren inzwischen viele meiner Bücher. Das macht mich wirklich glücklich. Sogar in Ländern, die im Allgemeinen atheistisch oder materialistisch eingestellt sind, in welchen die Menschen nicht besonders an Gott glauben, findet das Werk »Denken nach dem Motto: Ich bin unbesiegbar« inzwischen Akzeptanz. Die chinesische Übersetzung beispielsweise erhielt eine ausgezeichnete Rezension, und viele Anhänger in China studieren heute dieses Buch.

Der Glaube an die Seele verleiht euch die Überzeugung, dass ihr unbesiegbar seid

Beim Denken nach dem Motto »Ich bin unbesiegbar« geht es nicht einfach darum, dass man jederzeit eine optimistische Denkweise an den Tag legt. Es ist umgekehrt aber auch nicht auf die total negative Betrachtungsweise der Menschheit fixiert, die oft im christlichen Glauben an die »Erbsünde« verkörpert wird. Wenn dies auch die Menschen mit katholischem Glauben stören mag, die davon überzeugt sind, dass der Mensch sündig geboren wird, so basiert die Einstellung, unbesiegbar zu sein, doch auf einer anderen Philosophie.

Der Überzeugung »Ich bin unbesiegbar« liegt der Glaube zugrunde, dass wir Seelen sind, die in einem menschlichen Körper wohnen. Die dreidimensionale Welt, in der ihr derzeit lebt, ist nicht die wirkliche Welt. Die wirkliche Welt besteht aus den höher-dimensionalen Himmelreichen, die bei der vierten Dimension beginnen und bis hinauf in die neunte Dimension reichen. In eurer Essenz seid ihr Seelen, die in der geistigen Welt gewohnt haben und derzeit auf Erden leben.

Ihr könnt sehr leicht behaupten, dass ihr an die Existenz der geistigen Welt nicht glaubt. Doch vergesst nicht, dass keiner, nicht ein einziger Mensch in der Geschichte der Menschheit, bisher jemals imstande war, deren Existenz erfolgreich zu widerlegen. Andererseits werdet ihr feststellen, dass unzählige Menschen versucht haben, die andere Welt sichtbar zu machen und zu erklären. Eine große Anzahl von religiösen Führern, Philosophen, Denkern und Moralisten aller Zeitalter haben von der anderen Welt und unseren Seelen gesprochen. Diesen Menschen gebühren unsere Aufmerksamkeit und unser Respekt. Es ist unfair, ihre Bemühungen und Bestrebungen zu ignorieren, nur weil ihr beschlossen habt, nicht an die geistige Welt zu glauben. Bitte schätzt das Werk, das sie hinterlassen haben, und schenkt ihren Worten euer Gehör.

Viele Menschen auf der ganzen Welt glauben an die geistige Welt bzw. haben Theorien über sie entwickelt. Das Buch des Franzosen Allan Kardec, »Das Buch der Geister« (»The Spirits' Book«) ist in Brasilien sehr beliebt, ebenso auch Chico Xavier, ein spirituelles Medium, das vor einigen Jahren verstorben ist. Er war für seine Fähigkeiten bekannt: Er praktizierte automatisches Schreiben, konnte Geisterstimmen hören und nahm Kontakt zu einem Geist namens Emmanuel auf, der wahrscheinlich sein Schutzwesen war. Der Film über sein Leben ist sehr berühmt.

Als ich Brasilien im November 2010 besuchte, sprach ich mit dem Geist von Xavier, doch er ist erst acht Jahren zuvor gestorben, und er schien noch nicht den vollen Überblick

über alles in der geistigen Welt zu haben. Ich kaufte seine
Bücher, rief seinen Geist in der Anwesenheit einiger Mitglieder meines Personalstabs an und versuchte, mit ihm zu
sprechen. Obgleich er sich noch nicht auf der Stufe der Erleuchtung befindet, die er vermutlich erreichen wird, habe
ich herausgefunden, dass er ursprünglich aus dem Reich der
Bodhisattwas in der siebten Dimension stammt.

Damals befand er sich in der Phase, in der er versucht,
die andere Welt zu verstehen und seine Gedanken zu sor-
tieren. Ich sprach zu ihm in einem alten Dialekt der Region
Damaskus, einem Gebiet in der Nähe des alten Rom, und
versuchte mein Bestes, um ihm die Reinkarnation zu erklären. Aber er schien mit dieser Vorstellung so seine Probleme
zu haben, auch wenn er jetzt ebenfalls ein geistiges Wesen
ist. Obgleich er in der gleichen Sprache antwortete, schien
er dieses Konzept nicht richtig zu verstehen. Ich denke, er
braucht noch einige Zeit zum Studieren.

Viele Menschen wie er auf der ganzen Welt haben ge-
dient, um die Worte von Menschen aus der anderen Welt
zu übermitteln. Ich bin einer dieser Menschen. Ich veröf-
fentliche die Botschaften vieler Geistwesen mit Sorgfalt. Seit
vielen Jahren arbeite ich nun schon daran, die Existenz der
geistigen Welt und der göttlichen Geistwesen durch die Veröffentlichung zahlreicher spiritueller Botschaften zu beweisen. Allein im Jahr 2010 habe ich 51 Bücher veröffentlicht,
die in Buchläden öffentlich verkauft werden. Von diesen
stellen 42 Werke spirituelle Botschaften von 93 verschiedenen Geistern dar, die veröffentlicht wurden, um die Existenz
der anderen Welt zu beweisen. Es handelt sich dabei um die
Worte und Botschaften göttlicher Geistwesen im Himmel
und einiger weniger aus der Hölle, darunter auch des Satans.

Ihre Botschaften unterscheiden sich inhaltlich voneinander. Jede Botschaft ist für sich einzigartig. Dies zeigt, dass sie
alle von unterschiedlichen Persönlichkeiten stammen. Somit
beweise ich, dass es die geistige Welt gibt. Vor vielen Jahren
hielt ich damit inne, weil die Aussagen der Botschaften, die

ich erhielt, so vielfältig und so unterschiedlich waren, dass dies dazu führte, dass meine Lehren verwirrend und schwer verständlich wurden. Ich konzentrierte mich fortan mehr auf die Veröffentlichung theoretischer Bücher über meine eigenen Lehren, die auf meinem eigenen Denken beruhen. Im Lauf der Zeit ist die Zahl der Menschen, die nicht an die geistige Welt glauben, jedoch wieder gestiegen. Daher habe ich mich nochmals daran gemacht, neue spirituelle Botschaften zu veröffentlichen.

Diese Welt ist eine Schule für eure Seele

Wenn ihr glaubt, dass die physische Welt die wahre Welt ist, ist es einfach, zwischen Glück und Unglück zu unterscheiden. Wenn ihr jedoch wisst, dass euer Leben nicht auf diese Welt beschränkt ist, und dass ihr am Ende wieder in die geistige Welt zurückkehren werdet, die jenseits dieser Welt liegt, dann wisst ihr, dass der ganze Sinn und Zweck eueres Lebens auf Erden im Training eurer Seele liegt. Während die Welt sich verändert und neue Zeitalter kommen und gehen, werdet ihr immer wieder unter einem anderen Namen, einer anderen Nationalität, einem anderen Beruf und Geschlecht geboren, damit ihr jedes Mal neue Erfahrungen sammeln könnt. Indem ihr immer wieder als völlig neue Person lebt, fördert ihr das Wachstum eurer Seele. Dies ist der Ausgangspunkt für die Betrachtung eures Lebens.

Wenn ihr den Gedanken akzeptiert, dass es die andere Welt gibt, und dass die Menschen nach dem Tod wieder in diese Welt zurückkehren, dann könnt ihr erkennen, dass diese Welt für eure Seele wie eine Schule ist, und verstehen, dass alles, was ihr erlebt, zum Zweck eurer Weiterbildung existieren darf. Wenn ihr so denkt, dürft ihr nicht den Fehler machen, eure Eltern oder die Firma, bei der ihr angestellt seid, für unglückliche Umstände verantwortlich zu machen, in die ihr geschlittert seid.

Ja, äußere Einflüsse haben Einfluss auf euer Leben. Die
Wirtschaft fluktuiert stark, und es kommt immer wieder zu
verschiedensten sozialen Umbrüchen. Die Präsidenten der
Länder können Fehler beim Regieren machen und Unglück
verursachen, oder, wenn ihr Glück habt, einen Wirtschafts-
aufschwung initiieren. Äußere Einflüsse sind stetig präsent.
Doch ganz gleich, wie die Zeiten gerade sein mögen, ihr
dürft nicht vergessen, dass ihr allein es seid, die euren Geist
lenken.

Vergesst niemals, dass ihr selbst am Ruder steht und euer
Schiff steuert, ganz gleich, wie turbulent die Strömungen des
Schicksalsflusses auch werden mögen. Ihr könnt Fehler bei
der Arbeit machen. Ihr könnt Fehler bei der Liebe machen.
Ihr könnt krank werden oder durch eine Prüfung fallen. Als
Reaktion auf die vielen Dinge, die passieren können, kann
es sein, dass ihr euch in Verzweiflung stürzt, in selbstzerstöre-
risches Verhalten verfallt und nicht mehr an euch selbst und
andere glaubt. Es kann sein, dass ihr zu gar nichts mehr ge-
willt seid und das Gefühl habt, dass die Zukunft nur noch
Finsternis für euch bereithält. Doch ihr müsst fest daran glauben, dass es allein an euch selbst liegt, wenn ihr euer Leben
so betrachtet.

Macht nicht die anderen
für euer Unglück verantwortlich

Manche Religionen schieben den Vorfahren der Betroffe-
nen oder auch bösen Geistern die Schuld an deren Unglück
zu. Wenn ihr die Ursache für euer Unglück der »Erbsünde«
zuschreibt, d. h., den Sünden, die eure fernen Ahnen begangen haben, dann werdet ihr nicht so schnell errettet werden.
Die Vorstellung von der Erbsünde hat ihre guten Seiten. Sie
kann dabei hilfreich sein, einen Glauben aufzubauen oder
Menschen dazu zu motivieren, über ihre Fehler nachzudenken und diese zu bereuen. Doch die Erbsünde allein reicht

nicht als Erklärung dafür aus, wer ihr heute seid.

Manche Menschen sagen, dass ihr jetzt im Elend lebt, weil eure Ahnen verlorene Seelen sind, die leiden. In manchen Fällen haben sie recht. Ich habe in der Tat verschiedene Fälle gesehen, in welchen der Vorfahre in der Hölle schmort und die betreffende Person besetzt hält.

Es stimmt beispielsweise, dass das Phänomen, dass Vorfahren dafür sorgen, dass ihre Nachkommen leiden, existiert. Wenn ihr gegen jemanden einen starken Groll hegt, so könnte es sein, dass ihr euch mit einem Vorfahren in der Hölle in Resonanz begebt, der ebenfalls einen starken Groll oder Hass hegt. Unter diesen Umständen wäre der betreffende Vorfahre imstande, euch auf unbestimmte Zeit zu besetzen. Er könnte verursachen, dass ihr krank werdet, dass euer Geschäft stagniert oder dass ihr Situationen falsch beurteilt.

Ich möchte jedoch betonen, dass das Wichtigste, was ihr tun könnt, um den Lauf eures Lebens selbst zu bestimmen, darin besteht, zu beschließen, eure geistige Haltung zu korrigieren. Das Gesetz der geistigen Welt lautet, dass sich ähnliche geistige Schwingungen gegenseitig anziehen. Ein böser Geist kann Menschen auf Erden besetzen, weil diese Menschen Gedanken haben, die denen des bösen Geistes ähnlich sind. Er kann sie besetzen, weil ihre Schwingungen auf der gleichen Ebene sind. Sie haben die gleichen Gedanken. Würden die Menschen aufhören, böse Gedanken zu haben, dann könnten böse Geister sie nicht mehr besetzen. Ihr werdet diese Einflüsse los, wenn ihr eure geistige Einstellung ändert.

Ein goldener Geist kann euch in Resonanz mit dem Himmel bringen

Eine Kraft von außen könnte euch erretten. Es kann sich aber auch jeder Einzelne selbst vor bösen Geistern retten, indem er seinen Geist »aufpoliert«, bis er hell erstrahlt. Ihr könnt euch von bösen Einflüssen befreien, indem ihr euren

Geist reinigt und »schleift«, bis er glänzt. Ich möchte, dass dies jeder von euch weiß.

Wenn euer Geist zu glänzen beginnt, nachdem ihr euch in Selbstreflexion und Verfeinerung geübt habt, wird spirituelles Licht von eurem Hinterkopf ausstrahlen. Dies wird volkstümlich eure »Aura« genannt. Heilige werden auf Gemälden oft mit goldenem Heiligenschein um den Kopf abgebildet. Diese goldene Aura entsteht tatsächlich, wenn ihr in diesem Zustand seid, und macht es den bösen Geistern schwer, euch zu besetzen. Wenn ihr imstande seid, Licht auf diese Weise auszusenden, werdet ihr mit dem Himmel verbunden und steht in Resonanz mit ihm.

In diesem Stadium werdet ihr imstande sein, von eurem Schutzwesen oder sogar von Führungswesen und Engeln, die höher stehen als euer Schutzwesen, Licht zu empfangen. Das Licht, das ihr von ihnen empfangt, ist sehr warm. Ihr werdet spüren, wie alles Schwere, aller Schmerz und alle Müdigkeit rasch von euch abfallen.

Rückschläge sind Samen des Erfolgs

Worin besteht nun die Essenz des Denkens nach dem Motto »Ich bin unbesiegbar?« Sie besteht in dem Wissen, dass diese Welt als Schule für eure lebenslange Bildung dient. Es ist das Wissen, dass eure wertvollste Erfahrung darin besteht, nicht nur aus euren Erfolgen, sondern auch – und vielleicht gerade insbesondere – aus euren Misserfolgen etwas Positives zu machen. Ihr dürft nicht unterschätzen, wie wichtig es ist, alle Dinge als Samen für etwas Positives in der Zukunft zu betrachten.

Wenn ihr einen Erfolg erzielt habt – feiert ihn. Seid glücklich. Gratuliert euch dafür, diesen Erfolg errungen zu haben, und beglückwünscht euch auch für die Leistungen, die ihr erbracht habt, um diesen Erfolg zu erzielen. Doch anstelle von euch selbst ganz erfüllt zu werden, ist es viel wichtiger, dass ihr eure Freude mit anderen teilt. Ihr müsst auch beständig daran arbeiten, immer mehr Demut zu entwickeln, so dass ihr nicht in die Falle geratet, aus Hochmut Fehler zu begehen. Wenn ihr eine Niederlage erleidet, so müsst ihr wissen, dass darin verborgen bereits der Same für den nächsten Erfolg schlummert. Nehmt diese Niederlage als den Willen des Himmels an, den Willen Gottes, und versucht zu verstehen, was ihr aus dieser Erfahrung lernen sollt. Es ist sehr wichtig, dass ihr in euren Niederlagen eure Lektion erkennt.

Eine positive Lebenseinstellung kann euch ebenfalls helfen, ein stärkeres Selbst aufzubauen. Ich fliege heute beispielsweise um die ganze Welt, um in verschiedenen Ländern Reden vor Publikum zu halten. Dies ist körperlich anstrengend. Manchmal halte ich meine Vorträge sogar, wenn ich noch unter dem Jetlag leide, oder wenn meine Rede auf eine sehr frühe Uhrzeit nach japanischer Zeitzone festgesetzt ist, oder sogar, wenn ich eine Veranstaltung besuchen muss, die die ganze Nacht dauert. Das Reisen um die Welt belastet mich körperlich. Doch ich tue es, weil ich so vielen wie möglich von euch begegnen möchte! Eure Kämpfe und Schwierigkeiten ohne Ausflüchte zu überwinden – das ist der Pfad, den ihr nehmen müsst, um im Leben erfolgreich zu sein.

Niederlagen gibt es für Menschen, die so leben, nicht. Eine aktive, positive Lebenseinstellung jeder Situation gegenüber wird euer Leben bereichern und euch auf den Weg zum Erfolg verhelfen. Wenn ihr nach der Haltung lebt, dass ihr alles, was euch begegnet, in Elemente verwandelt, um euch selbst zu perfektionieren, also in einen Samen für euer persönliches Wachstum, wird der Pfad, auf dem ihr wandelt, mit Sicherheit der direkte Pfad zum Erfolg sein.

5. KAPITEL

ÖFFNET DAS TOR ZU WUNDERN

Eine Welle von Wundern

In den christlichen Nationen auf der ganzen Welt ist die Akzeptanz von Spiritualität und mystischen Glaubensinhalten wahrscheinlich höher als in meinem Heimatland Japan. Doch viele Christen werden wohl skeptisch werden, wenn ich sage, dass Jesus Christus mein Freund ist. Um es genauer zu sagen – ich führte ihn vom Himmel herab, als er vor 2.000 Jahren hierher auf die Erde kam. Ich schickte ihm alle möglichen Inspirationen und Anweisungen. Nun, da ich derjenige bin, der auf Erden lebt, schickt Jesus Christus mir viele Inspirationen. Daher entdecken Katholiken auch immer wieder eine philosophische Affinität zu meinen Lehren.

Die Lehren von Jesus Christus machen nahezu 30 % der Gesamtstruktur der Lehren von Happy Science aus. Obgleich wir auch Vorstellungen vertreten, die nicht christlichen Ursprungs sind, so haben Happy Science und das Christentum doch vieles gemeinsam. Wir teilen die Lehre von der Liebe, und in letzter Zeit sind in Japan viele Wunder geschehen, die stark an die Wunder von Jesus Christus erinnern. Beispielsweise: Es wurde Krebs geheilt. Der Kopf einer Person, der in einem Verkehrsunfall gequetscht wurde, nahm ohne Operation wieder seine ursprüngliche Form an. Ein Tumor, der hätte operativ entfernt werden müssen, verschwand, nachdem der Patient mir eine Frage gestellt und in einer meiner Fragestunden die Antwort darauf vernommen hatte.

Die Ursachen für Krankheiten können ihren Ursprung in dieser Welt nehmen. Doch manchmal stammt eine Krankheit aus einem früheren Leben der betreffenden Person. Wird diese Ursache durch ein »Reading« gefunden, kann die Krankheit in dem Augenblick verschwinden, in dem der Betroffene jenes frühere Leben als Ursache anerkennt. Die Krankheit verschwindet, weil die Grundursache nicht mehr existiert.

Als ich im Sommer 2010 unseren Tempel in Hakone, einem Erholungsort in Japan, besuchte, erzählte mir ein junger Mann, dass er den Verdacht hegte, in einem früheren Leben ein »Alien« gewesen zu sein. Er bat mich nachzusehen, ob dieser Verdacht korrekt sei. Ich brauchte ca. 30 Sekunden, um mit ihm eine Rückführungsitzung in frühere Leben zu machen. Dabei entdeckte ich, dass er in der Vergangenheit tatsächlich ein Außerirdischer gewesen war. Ich erklärte ihm, dass er ein Marsianer gewesen war und unter der Erde gelebt hatte. Ich teilte ihm mit, dass er in jenem Leben ein Maulwurf oder ein ähnliches Lebewesen von etwa zwei Meter Länge gewesen war, das unterirdisch gelebt hatte. Obgleich er dieses unterirdisch lebende Geschöpf gewesen war, besaß er eine Intelligenz, die auf der gleichen Stufe wie die eines Menschen war.

Kurze Zeit nach der Sitzung erfuhr ich, dass dieser Mann unter einer Hautallergie litt, der so genannten atopischen Dermatitis. Die Krankheit hatte den ganzen Körper befallen, und er reagierte besonders empfindlich auf Sonnenlicht. Wenn seine Haut dem Sonnenlicht ausgesetzt war, platzte sie auf und wurde sehr, sehr trocken. Nachdem ich ihm gesagt hatte, dass er in der Vergangenheit auf dem Mars geboren worden und ein unterirdischer Erdbewohner gewesen war, der nur selten an die Oberfläche kam, verschwand seine Krankheit. Seine Haut wurde glatt und frei von Problemen, und auch die Sonne störte ihn nicht mehr. Dies hatte nur wenige Worte erfordert. Episoden wie diese geschehen immer wieder. Allein im Jahr 2010 wurden zahlreiche unheilbare Krankheiten geheilt.

Die Lehren von Happy Science werden gerade auch in

den Entwicklungsländern wie etwa Indien verbreitet. Dort steht den Kindern kein Geld zur Verfügung, um ins Krankenhaus zu gehen oder Medikamente zu kaufen. In einer Schule in Indien, für die Happy Science finanziell aufkommt, sprechen etwa 300 Schüler ein Gebet, das »El Cantare Healing« (»El Cantare Heilung«) heißt. Sie beten es, weil es Krankheiten heilt, ohne einen Cent zu kosten. Ich habe ein Video gesehen, auf dem die Kinder in Indien das Gebet im Schulhof sprechen. So etwas wäre in Japan nur schwer vorstellbar.

Ich werde weiterhin in viele Länder rund um die Welt reisen, um Reden zu halten. Wenn ich könnte, würde ich gern mehrfach in die Länder zurückkehren, die ich bislang schon besucht habe, doch ich kann mir nie sicher sein, ob es ein nächstes Mal geben wird. Für die Älteren unter euch kann es durchaus das erste und letzte Mal gewesen sein, dass wir uns begegnet sind. Daher habe ich das Gefühl, dass ich keine Gelegenheit auslassen darf, um zu euch zu sprechen.

Der Glaube versetzt Berge

In dieser Welt gibt es viele mystische Dinge. Bestimmte Auslöser können als Türöffner zur mystischen Welt dienen. Es ist wichtig, dass wir mystischen Phänomenen begegnen, die wir sonst niemals im Alltagsleben erleben oder spüren würden. Ereignisse, die anscheinend im Rahmen der üblichen Gesetzmäßigkeiten und Prinzipien unseres Lebens schlicht und einfach nicht geschehen dürften, passieren tatsächlich.

Lange Zeit hat Happy Science das Thema »Glaube« nicht angeschnitten. Ursprünglich starteten wir als Forschergruppe. Da wir die Einstellung hatten, wir seien »Forscher« in der Wissenschaftsdisziplin »Erkenntnisse zum Glück und Erforschung der geistigen Welt«, waren unter unseren Mitgliedern viele rational denkende und intellektuelle Menschen. Aus diesem Blickwinkel betrachtet, verhinderten wir wohl seinerzeit absichtlich viele Wunder. Wir sind inzwischen jedoch an einem Punkt angelangt, an dem wir sie nicht mehr bremsen können. Es geschehen derzeit unzählige Wunder. Sie überschreiten die Landesgrenzen von Japan und finden sich an Orten wie etwa den Philippinen und in Afrika. Menschen mit Krankheiten, die von den Ärzten aufgegeben wurden, sehen sich plötzlich geheilt. Von jetzt ab werden in den Ländern, die ich besucht habe, viele Wunder geschehen. Dies ist eine Prophezeiung, und ich sehe bereits voraus, dass dies tatsächlich geschehen wird.

Ereignisse, die in dieser Welt eigentlich gar nicht passieren dürften, es hingegen dennoch tun, bezeichnet man als »Wunder«. Der Auslöser für solche Wunder kann in einem Wort genannt werden: der Glaube. Obgleich Wunder wie Zufälle wirken, die eigentlich nicht passieren sollten, sind sie dennoch in Wirklichkeit Beweise für die Erlösung durch Gott. Diese Ausnahmen geschehen, um für die Existenz Gottes unumstößliche Beweise zu liefern. Ich glaube, dass unter euch viele sind, die Wunder erleben und ein lebendiger Beweis dafür werden, dass ihr als Gesandte Gottes hier auf Erden seid.

Laut der christlichen Bibel schenkten viele der Menschen, die später Anhänger von Jesus Christus wurden, diesem anfangs keinen Glauben und verrieten ihn. Diese Anhänger fanden letztendlich ebenfalls ihren Glauben an Jesus – aufgrund seiner Wunder. Während die Anhänger zum Glauben fanden, erlangten sie zugleich die Macht, die Kranken zu heilen. Sie zogen los und erretteten selbst Menschen. Ich glaube, dass viele von euch die Macht bekommen werden, unzählige Menschen zu retten. Dies ist die Macht des Glaubens und die Macht der Wahrheiten.

Als der Apostel Paulus plötzlich sein Augenlicht verlor und die Stimme von Jesus Christus hörte, wechselte er von der Seite der Christenverfolger auf die andere Seite und wurde ein vehementer christlicher Missionar. Ebenso wie der Heilige Paulus werden viele der Menschen, die heute an Happy Science zweifeln und zögern, beizutreten, später, nachdem sie ein Wunder erlebt haben, an Happy Science glauben.

Diese Wunder, diese Phänomene, werden sich von heute an verzehnfachen, ja sogar verhundertfachen. Ich reise um die Welt, um Wunder zu generieren. Ich glaube fest daran, dass ich, wenn ich wieder nach Japan zurückgekehrt bin, von vielen Wundern hören werde, die den Menschen in den Ländern, die ich besucht habe, widerfahren sind. Mein starker Wille, Menschen zu führen, lässt sie ihr Leben verändern. Sie schaffen es, ihr Leben von negativen in positive Bahnen zu lenken. Dies ist in der Tat der heilige Sinn und Zweck, ja die Pflicht, der Religionen.

Warum geschehen derartige Wunder? Kurz gesagt, weil es unser Wunsch ist, die Menschheit zu erretten und möglichst vielen Menschen Glück zu bescheren. Dieser Wunsch, einer unbegrenzten Zahl von Menschen zu helfen und sie zu erretten, ist die Grundlage meiner Lehren. Dieser Wunsch ist der Katalysator dafür, dass Wunder geschehen.

Sinn und Zweck unserer spirituellen Bewegung ist es, anderen die Erlösung durch Gott zu bringen

Im November 2010 stattete ich Brasilien einen Besuch ab. Um mehr über das Land zu erfahren, schaute ich einige Filme über Brasilien an, bevor ich mich auf den Weg machte. Doch viele dieser Filme waren schrecklich. Sie zeigten ein gewaltiges Ausmaß an Kriminalität, viel Gewalt sowie viele Personen, die kriminell waren. Die Filme zeichneten eine solch erschreckende Welt, dass man sich kaum noch vorstellen konnte, dass es Gott überhaupt gibt.

Nach meinem Besuch vor Ort sah ich, dass São Paulo schöner war als das Porträt, das in den Filmen gezeigt wurde. São Paulo war ein sehr städtisch geprägter Raum und erinnerte mich ein wenig an New York City. Die Darstellung der Stadt in den Filmen jedoch hatte in mir den Eindruck erweckt, dass es in São Paulo Kriminalität an allen Ecken und Enden gibt, und die Herzen der Menschen von Aggression erfüllt sind. Aufgrund dieser Filme begann ich zu glauben, dass die Brasilianer Kriminalität und Aggression als etwas ganz Normales betrachten. Als ich dies beobachtete, spürte ich, dass ich Brasilien unmöglich so alleinlassen konnte.

Wenn eine Gesellschaft kränkelt, und die Bürger richtig und falsch nicht mehr unterscheiden können, und die Menschen nichts von Gottes Erlösung wissen, dann muss man es sie lehren. Dies ist eine sehr anspruchsvolle Aufgabe. Daher muss ich so viele Vorträge wie möglich über mystische Wahrheiten halten. Unsere Aktivitäten müssen so energiegeladen sein, dass sie das Leben der Menschen verändern. Obgleich es wünschenswert ist, dass immer mehr Menschen Happy Science beitreten, so ist dies dennoch nicht unser einziges Ziel.

Es ist die Aufgabe von Happy Science, die Menschen in die richtige Richtung zu führen. Es ist unsere Aufgabe, dafür zu sorgen, dass die Zahl der Menschen, die ihr Leben in Übereinstimmung mit Gottes Willen leben, steigt. Wir haben einen starken Zuwachs an Gläubigen zu verzeichnen. Doch dieses Wachstum ist nicht unser alleiniges Ziel. Ich beschwöre die Mitglieder: »Ihr müsst euch dem mit Leib und Seele verschreiben. Ihr müsst euch dem mit eurem Herzen hingeben. Bitte handelt mit Leidenschaft. Ich möchte, dass ihr eure Handlungen mit dem starken Wunsch tränkt, Menschen zu retten.«

Wir möchten gern, dass die Rechtschaffenheit auf Erden vorherrscht. Es ist unsere tiefe Hoffnung, dass alle Menschen eines Tages in Liebe verbunden sein werden. Happy Science hat sich zum Ziel gesetzt, eine Gesellschaft zu gründen, in der sich die Menschen nicht hassen, in der die Menschen die Fehler bereuen, die sie begangen haben, sowie einander vergeben und lieben. Ich glaube, dass zu diesem Zweck mehrere Länder auserwählt sind. Es sind Länder mit starker spiritueller Energie auserwählt.

Wir haben beispielsweise erst vor 24 Jahren mit unseren Aktivitäten begonnen, und dennoch ist Brasilien vorangeprescht und sehr gewachsen. Ich habe Brasilien zwar nicht direkt geführt. Doch die Brasilianer haben unsere Organisation aktiv vergrößert. Mitglieder haben dort den brasilianischen »Shoshinkan« erbaut. Ich kann sehen, welch große Mühe es gemacht hat, solch einen großen Tempel zu erbauen. Ich schätze wirklich, wie viel sie geleistet haben. Die Japaner neigen dazu, Zweifel zu zeigen und zögerlich zu handeln. Die Brasilianer hingegen arbeiten sehr hart daran, die Wahrheiten zu verbreiten. Ich fordere die japanischen Mitglieder manchmal auf, ihren Blick auf die Brasilianer zu lenken und zu versuchen, von ihnen zu lernen. Sie sind zum Vorbild für die Mitglieder überall auf der Welt geworden. Was da geschieht, ist sehr erfreulich!

Wie Brasilien, so macht auch Indien große Fortschritte. Es heißt, dass die Zahl der Mitglieder bis zum Jahr 2013 über eine Million hinausschießen wird. In Indien wächst Happy Science mit rasanter Geschwindigkeit. Jeder Dritte, der den Film »Die Wiedergeburt des Buddha« gesehen hat, den ich 2009 produziert habe, ist zum Anhänger von Happy Science geworden. Sie sind zu wahren Gläubigen geworden. Ich habe gehört, dass der Film, der über Buddha handelt, von den Menschen in Indien gut aufgenommen wird, weil der Buddhismus in Indien seinen Anfang genommen hat. Richtig fasziniert war ich jedoch, als viele Menschen in Indien, nachdem sie den Film gesehen hatten, auf der Stelle zu Mitgliedern geworden sind, obwohl es sich um einen Zeichentrickfilm handelt.

Verbreitet Wunder aus der geistigen Welt

»Die Gesetze der Ewigkeit«, ein weiterer Film, den ich ebenfalls selbst produziert habe, erfreut sich in Brasilien großer Beliebtheit. Dort haben die Menschen hohes Interesse an Spiritualität und möchten unbedingt mehr über die geistige Welt erfahren. In »Die Gesetze der Ewigkeit« werden die multidimensionalen Strukturen der anderen Welt erklärt, und es wird jede Dimension im Detail beschrieben. Dieser Film ist sehr schwer verständlich. Ich glaube, er ist der komplizierteste Zeichentrickfilm, den ich je produziert habe. Der Film ist einerseits zwar wirklich wunderschön, andererseits ist sein Inhalt ziemlich schwierig. Viele Menschen in Japan sind nicht imstande, den Film zu verstehen. Vielleicht kann ein Großteil der Bevölkerung ihn nicht verstehen, weil viele von ihnen gar nicht glauben, dass die andere Welt oder andere Dimensionen existieren.

Allan Kardec erklärt in seinem Buch »Das Buch der Geister« (»The Spirits' Book«) ebenfalls die andere Welt. In Brasilien wurden von diesem Buch über 4 Millionen Exemplare verkauft. Es hat erwiesenermaßen mehr als 20 Millionen Menschen beeinflusst. »Das Buch der Geister« ist eine Sammlung und Zusammenfassung von geistigen Botschaften, die Kardec über automatisches Schreiben übermittelt wurden.

1981 begann ich ebenfalls damit, mit Geistern über automatisches Schreiben zu kommunizieren. Meine Hand bewegte sich unwillkürlich und begann, Botschaften aus dem Himmelsreich niederzuschreiben. Dies war der Startschuss für Happy Science. Daraufhin begannen verschiedene göttliche Geistwesen des Himmels, meine Stimmbänder zu benutzen, um durch mich zu sprechen.

Heute gehören etwa 500 geistige Führer zur geistigen Gruppe um Happy Science. Allein im Jahr 2010 veröffentlichte ich 42 Bücher, um Botschaften zu kommunizieren, die ich von 93 Geistern empfangen hatte. Daran könnt ihr ablesen, dass Happy Science von großen geistigen Kräften unterstützt wird. Dies ist eine Meisterleistung, die noch die von Kardec mit seinem »Das Buch der Geister« übertrifft.

Wir veröffentlichen derzeit Bücher im wöchentlichen Turnus. Dies ist ein Wunder ohnegleichen. Außerdem erscheinen in den großen Tageszeitungen Japans jede Woche Werbeanzeigen für diese Bücher. Japan wird in der Tat gerade einem Wandlungsprozess unterzogen. Es bricht mir jedoch das Herz, sagen zu müssen, dass die Japaner noch nicht soweit sind, dass sie die »Gesetze der Ewigkeit« interessant oder die verschiedenen Dimensionen der geistigen Welt faszinierend finden würden.

Auch wenn es einige Zeit kosten wird, so möchte ich dennoch gern in Japan, dem Mutterland von Happy Science, eine vollständige geistige Revolution vollbringen. Ich hoffe, dass sich die Philosophie von Happy Science überall in der ganzen Welt verbreiten wird, und dass die Lehren später wieder nach Japan »zurückimportiert« werden. Ich möchte den Japanern gern zeigen, wie begeistert die Menschen in anderen Ländern meine Lehren studieren, und sie dazu drängen, eurer Führung zu folgen. Ich hoffe aufrichtig, dass ihr viele Menschen dafür gewinnen werdet, unserer spirituellen Bewegung beizutreten und die Wahrheiten in der ganzen Welt zu verbreiten. Ich hoffe, dass euch meine Leidenschaft hierfür erreicht hat.

6. KAPITEL

FRAGESTUNDE MIT MEISTER OKAWA

Frage Nr. 1
Über die Vorbestimmung

Ich möchte gern etwas über die Vorbestimmung wissen: Manche Menschen glauben, dass es ihre Bestimmung ist, ein unglückliches Leben zu verbringen, und dass ihr Schicksal unabänderlich ist. Könnten Sie mir Ihre Gedanken zur Vorbestimmung mitteilen? Könnten Sie mir auch erklären, wie eine Besetzung durch böse Geister das Leben eines Menschen beeinflussen kann?

Antwort

Ich möchte zunächst deine Frage zur Vorbestimmung beantworten. Das Christentum lehrt sehr wenig über die geistige Welt, in der die Seele lebt, bevor sie zur Erde kommt. Daher verfügen die meisten Menschen nur über spärliche Informationen zur geistigen Welt oder glauben gar nicht daran. Dennoch skizzieren wir einen groben Lebensplan, bevor wir geboren werden. In diesem Sinne gibt es für jeden Menschen bis zu einem gewissen Grad eine »Vorbestimmung«.

Zu dem groben Lebensplan gehört es immer auch, dass wir uns unsere Eltern selbst wählen. Ihr wählt euren Geburtsort und entscheidet, wer mit euch in enger Beziehung stehen wird. Ihr wählt auch zu einem gewissen Grad aus, welcher Beschäftigung ihr gern nachgehen möchtet. In den meisten Fällen haben die Menschen eine Fertigkeit oder ausgeprägte Fähigkeit. In diesem Sinne ist es also für jeden

Menschen bis zu einem gewissen Ausmaß vorbestimmt, ein bestimmtes Leben zu führen. Dieses ist jedoch nicht zu 100 % in Stein gemeißelt.

Wenn ihr euer Schicksal nicht verändern oder ein anderes Leben führen könntet, dann hätte es keinen Sinn, auf Erden geboren zu werden. Es würde keinen Unterschied machen, ob ihr euch Mühe gebt oder nicht. Diese Art von Welt wäre sehr grausam für euch. Würden eure Bemühungen auf Erden nichts bewirken, dann wären die Menschen nur faul und nachlässig. Jeder würde aufhören, auch nur irgendetwas zu tun, wenn es aufs Gleiche hinauslaufen würde, ob man sich bemüht oder nichts tut. Gute Taten zu vollbringen würde keinen Sinn machen.

Euer Leben hat definitiv eine Grundstruktur oder eine Grundrichtung. Doch ihr seid diejenigen, die entscheiden, was ihr tun wollt und wie ihr euch im Leben entfaltet. Als Daumenregel gilt: Ihr habt das Potenzial, etwa über 50 % eures Lebens selbst zu entscheiden. Die zweite Hälfte ist wiederum in zwei Viertel unterteilt. Eines dieser beiden Viertel wird durch die Grundstruktur bestimmt – durch eure Persönlichkeit, euer Wesen und eure Pläne – die ihr vor eurer Geburt für euer Leben geschaffen habt. Das andere Viertel wird durch eure Begegnungen mit geistigen Wesen und eure Erfahrungen bestimmt, die ihr während eures Daseins auf Erden mit geistigen Einflüssen macht.

Es kann durchaus sein, dass böse Geister euch besetzen und euer Leben beeinflussen. Doch ihr könnt ebenso gut mit guten Geistern, wie etwa Engeln oder Wesen in Kontakt kommen, die den Engeln sehr nahe sind. Ihr könnt euch entweder von bösen Geistern verleiten oder von göttlichen Geistwesen leiten lassen. Ich sagte, dass die Kontrolle über die Hälfte eures Lebens in euren Händen liegt. Doch durch religiöses Training werdet ihr imstande sein, Führung von göttlichen Geistwesen zu erhalten. So könnt ihr diesen Anteil auf 75 % erhöhen. Ihr könnt 75 % eures Lebens selbst kontrollieren und den Lauf eures Lebens in die Richtung lenken, die ihr euch wünscht.

Frage Nr. 2
Zwei Missionen im Leben

Ich bin 28 Jahre alt. Nachdem ich Ihre Bücher gelesen habe, habe ich begriffen, dass es am Ende für jeden Menschen nur einen einzigen Pfad gibt, den er beschreiten kann. Ich habe erfahren, dass jeder von uns im Leben eine einzige Mission hat, die er wirklich erfüllen möchte. Ich für mich jedoch kann nicht anders – ich habe das Gefühl, dass ich zwei Missionen im Leben habe. Ist es möglich, dass man im Leben zwei Missionen hat?

Antwort

Wenn du noch Ende 20 bist, ist es nichts Ungewöhnliches, wenn du mehr als zwei Missionen hast – weil du jung bist. Wir leben in einem Zeitalter, in dem junge Menschen viele Träume verfolgen. Es ist bestens, wenn du im Alter zwischen 20 und 30 Jahren viele Dinge verfolgst, nicht nur zwei. Glaube an deine Möglichkeiten und handele entsprechend. Du hast das Recht, dein Potenzial auszutesten.

Mit zunehmendem Alter werden eure wahre Mission oder eure Fähigkeiten und Talente immer klarer. Wenn ihr zwischen 40 und 50 Jahre alt seid, werdet ihr eure Wahl auf eine einzige Sache beschränken müssen. Zwischen dem 40. und 50. Lebensjahr werdet ihr einen einzigen Pfad wählen wollen. Ihr müsst euch für eine einzige Mission entscheiden. Dann, wenn die Jahre ins Land ziehen, verengt sich eure Auswahl, und am Ende steht ihr mit einem einzigen Pfad vor euch da. Ihr müsst also einfach nur euren endgültigen Pfad finden, wenn ihr euer 40. Lebensjahr überschritten habt.

Natürlich gibt es heutzutage viele Ausnahmen. Unsere Lebenserwartung steigt, und viele Menschen beginnen mit

70 oder 80 ihr zweites oder drittes Leben. Im Grunde gibt es keine Beschränkung, wie viele Missionen oder Träume ihr verfolgen könnt. Es ist wunderbar, viele Dinge auszuprobieren. Viele Menschen leben nach dieser Maxime.

Ihr müsst jedoch wissen, dass viele Menschen, auch wenn sie anscheinend viele Fähigkeiten oder Fertigkeiten haben, am Ende doch nicht die Spitzenposition erreichen, wenn sie sich nicht konzentrieren und nur eine einzige Fertigkeit perfektionieren. Wenn ihr versucht, zwei, drei oder vier Fertigkeiten auf Hochglanz zu bringen, werdet ihr nur zweit-, dritt- oder viertklassige Resultate erzielen. Das solltet ihr bedenken.

Ich persönlich habe beispielsweise viele Bücher verfasst – daher bin ich also relativ begabt als Schriftsteller. Wenn ich jemals versuchen würde, Romanautor zu werden, hätte ich, glaube ich, bis zu einem gewissen Grad das Talent dazu, einen guten Roman zu schreiben. Doch mir würde es schwerfallen, in die Bestsellerlisten der Romanschreiber zu kommen. Warum? Weil ich ein Mann der Religion bin und normalerweise immer daran denke, welche die ideale Lebensweise des Menschen ist. Ein Großteil der Literatur geht heutzutage in die entgegengesetzte Richtung und enthält Gedanken und Vorstellungen, die aus der Hölle stammen. Ich glaube nicht, dass ich über derartige Themen schreiben könnte. Da viele Menschen Bücher dieser Art verführerisch finden, wäre ich nicht imstande, ein Buch zu schreiben, das voll im Trend liegt. In diesem Sinne glaube ich, dass ich, auch wenn ich ein guter Schriftsteller bin, dennoch keinen Bestsellerroman verfassen werde. Ich kann mehr Menschen helfen, wenn ich mich darauf konzentriere, die Wahrheiten zu predigen.

Im Allgemeinen ist es am besten, man entdeckt bei sich eine Fertigkeit und verfolgt diese weiter. Wenn man jung ist, hat man noch Spielraum, Dinge auszuprobieren und Fehler zu machen. Man hat das Recht, sich selbst herauszufordern und sich selbst kennen zu lernen. Dabei kann man die eigenen Talente entdecken, die in einem selbst schlummern.

Wenn du dich mit 30 Jahren bereits auf zwei Missionen festlegen kannst, bist du wahrscheinlich schon erleuchteter als andere Altersgenossen. Als ich mich in meinem dritten Lebensjahrzehnt befand, habe ich viele, viele Ziele verfolgt. Daher denke ich, dass es prima ist, wenn du für dich zwei Ziele hast. Das bedeutet, dass du sehr rein bist.

Wenn du ein wenig älter bist, sagen wir, so um die 50 Jahre alt, solltest du dich für einen einzigen Pfad entscheiden. Das wird dir helfen, zum Erfolg zu finden. Da jedoch die heutige Lebenserwartung um die 80 Jahre beträgt, mag es durchaus sein, dass du einen zweiten oder dritten Pfad wagst. Ich selbst habe begonnen, im Alter von 51 Jahren in Übersee Vorträge in englischer Sprache zu halten. Ich hielt es damals für unmöglich, doch inzwischen habe ich drei Jahre lang Vorträge in Englisch gehalten. Mittlerweile kann ich eineinhalbstündige Vorträge in Englisch halten, wie ich sie auch auf Japanisch halte.

Ihr müsst also euren Lebensweg nicht jetzt gleich festlegen, doch ihr solltet ihn spätestens mit 50 Jahren auf einen einzigen Pfad beschränken. Bis dahin werdet ihr wahrscheinlich viele Dinge ausprobieren und unterwegs so manches wieder fallen lassen.

Frage Nr. 3
Depressionen überwinden

In allen Ländern rund um den Globus ist ein deutlicher Anstieg bei Depressionen zu verzeichnen. Gibt es eine geistige Ursache für Depressionen? Wie können wir Depressionen überwinden?

Antwort

Depression kennt viele Ursachen. In Stadtgebieten verfallen viele Menschen in einen Zustand der Depression, wenn sie eine Niederlage erleiden oder Schwierigkeiten damit haben, ihre Träume zu verwirklichen, weil dort ein heftiger Wettkampf herrscht. In manchen Fällen kann ein positives Ereignis ebenfalls eine Depression auslösen. Manche Menschen erleiden beispielsweise eine Depression, wenn sie beruflich befördert werden, weil sie das Gefühl haben, noch nicht die entsprechenden Fähigkeiten zu besitzen, die sie brauchen, um den neuen Anforderungen gewachsen zu sein. Selbst wenn sie also befördert werden, versinken sie in eine Depression und gehen nicht mehr zur Arbeit.

Manche Menschen versuchen, ihren Stress abzuschütteln, indem sie Alkohol trinken. Ich höre, dass in manchen Gegenden, wie etwa in den Vereinigten Staaten oder in Südamerika, viele Menschen zu Drogen greifen. Die Menschen benutzen diese Substanzen, um ihren rationalen Verstand zu betäuben und ihr Ego irgendwie zu schützen.

Wenn ihr längere depressive Phasen durchlebt, sagen wir, länger als drei Monate, dann ist es wahrscheinlich, dass euch böse Geister beeinflussen. Euer Geist hat eine Kompassnadel, die imstande ist, in jede Richtung zu zeigen. Sie kann hinauf in den Himmel oder hinab in die Hölle weisen. Wie die Zeiger einer Uhr kann sie sich um die eigene Achse drehen und an jedem beliebigen Punkt anhalten. Wenn ihr deprimiert seid, zeigt eure Kompassnadel beständig auf einen Punkt in der Hölle. Wenn euer Geist länger in Richtung Hölle tendiert, werden böse Geister aus der Hölle mit den Schwingungen eures Geistes in Resonanz treten und versuchen, euch zu besetzen.

Depressionen können manchmal zu Selbstmord führen. Die Seelen von Menschen, die Selbstmord begehen, können nicht sofort in den Himmel zurückkehren. Bevor sie weiterziehen können, »schwirren« diese Seelen normalerweise ungefähr so viele Jahre lang um die Erde herum, wie sie zu früh aus dem Leben geschieden sind. Während dieser Zeit suchen sich diese Seelen Menschen aus, die ihnen ähnlich sind und besetzen sie. Dann versuchen sie, ihren Selbstmord durch die Person, die sie besetzt haben, nochmals zu wiederholen, und den Betreffenden in die Hölle zu zerren.

Es ist Aufgabe der Religionen, dabei zu helfen, Selbstmorde zu vermeiden. Natürlich versuchen die Ärzte, Depressionen mit Medikamenten zu behandeln. Sie isolieren den depressiven Patienten vielleicht auch von anderen Menschen. Doch keine dieser medizinischen Behandlungsmethoden bringt eine tiefgreifende Heilung. Um eine Depression mit der Wurzel auszumerzen, müsst ihr lernen, eure eigene Energie zu generieren. Verlasst euch nicht darauf, dass euch ein »Hochspannungsgenerator« Energie schicken wird – ihr müsst mit eurem persönlichen »Stromgenerator« Energie in eurem eigenen »Haus« erzeugen. Ihr müsst den »Generator« in eurem Geist benutzen, um selbst Energie zu erzeugen. Es ist lebenswichtig, die Kraft dafür zu entwickeln.

Wie erzeugt man diese Energie denn nun selbst? Wie könnt ihr eine positive geistige Einstellung beibehalten? Wie erzeugt man Energie, um hell erstrahlen zu können?

Zunächst müsst ihr versuchen, tiefere Dankbarkeit zu entwickeln. Menschen mit Depressionen bringen den Mitmenschen in ihrem Umfeld oft nur sehr wenig Dankbarkeit entgegen. Sie müssen für die Hilfe dankbar sein, die sie von ihren Mitmenschen erhalten haben. Menschen mit Depressionen müssen erkennen, dass sich unzählige Menschen um sie kümmern. Ein Herz, das von Dankbarkeit erfüllt ist, wird ihnen helfen zu verstehen, dass sie mit vielen Dingen sehr gesegnet sind.

Depression ist eine über die gesamte Welt verbreitete Problematik. Es ist daher sehr wichtig, dass wir alle Dankbarkeit für das empfinden, was wir bekommen. Manche Menschen glauben beispielsweise, dass es für sie ein Unglück war, als Mensch geboren zu sein. Doch Menschen sind weitaus glücklicher als Tiere. Menschen besitzen viel mehr Freiheiten. Wir sollten alle dafür dankbar sein. Die meisten Tiere können nicht sprechen. Sie können kein Bankkonto eröffnen. Tiere bekommen nie ein Gehalt ausbezahlt. Polizeihunde arbeiten schwer, doch sie erhalten keinen Lohn. Weil wir Menschen sind, können wir für unsere Arbeit ein bestimmtes Gehalt bekommen. Wir haben wirtschaftliche Freiheiten, weil wir Menschen sind. Mensch zu sein ist ein großes Privileg, und wir sollten alle dafür dankbar sein. Es ist daher sehr wichtig, dass ihr eure Sichtweise ändert und betrachtet, was ihr alles bekommen habt und tagtäglich bekommt. Außerdem dürft ihr nicht so leichtfertig der Sucht nach Drogen oder Alkohol nachgeben. Ein Herz voller Dankbarkeit ist der erste Schritt zur Heilung einer Depression.

Ich würde Menschen, die deprimiert sind, auch die Selbstreflexion empfehlen. Wenn sie jedoch direkt in die Selbstreflexion gehen, besteht die Gefahr, dass sie sich selbst noch mehr verurteilen und immer tiefer in ihren deprimierten Zustand versinken.

Es ist daher sehr wichtig, dass ihr, bevor ihr Reue übt, euren Glauben daran stärkt, dass ihr ein Kind Gottes seid. Dies ist der zweite Punkt – sagt euch immer wieder vor, dass ihr ein Kind des Lichts und von Gott erschaffen seid. Ein starkes Bewusstsein, dass ihr Kinder Gottes seid, wird euch helfen zu erkennen, wie wichtig ihr wirklich seid.

Ich finde die christlichen Lehren wundervoll. Doch die Vorstellung von der »Erbsünde« ist so tief ins Christentum eingegraben, dass viele Menschen wirklich glauben, sie seien Kinder der Sünde. Es gelingt ihnen einfach nicht, die sonnige, die positive Seite des Lebens zu sehen. Doch indem ihr einfach eure Betrachtungsweise verändert, findet sich in dieser Welt plötzlich eine Fülle an wundersamen Dingen.

Nehmt beispielsweise eine Autobahn, die von Müll übersät ist. Wenn ihr nur den Müll betrachtet, würdet ihr glauben, die Autobahn sei schmutzig. Wenn ihr jedoch weiterfahrt, werdet ihr schließlich an ein Autobahnstück gelangen, das frei von Müll ist. Indem ihr eure Augen also vom Müll abwendet und die saubere Straße betrachtet, wird für euch die Welt ganz anders aussehen. Überlegt, worauf ihr gerade euren Blick gerichtet habt. Wenn ihr immer nur die dunkle, die negative Seite der Welt seht, dann ändert die Richtung, in die euer Geist blickt, und versucht, auf die sonnige, die glückliche Seite der Welt zu schauen. Es ist wichtig, sich darum zu bemühen.

Unzählige Menschen glauben, sie hätten keinerlei gute Qualitäten. Insbesondere depressive Menschen neigen zu dieser Einstellung. Wenn ihr jedoch genauer hinschaut, werdet ihr feststellen, dass dies nicht stimmt. Wenn ihr eure guten Qualitäten nicht entdecken könnt, dann bittet Menschen in eurem Umfeld, euch diese zu beschreiben. Sie werden umgehend fünf oder sechs großartige Charakterzüge an euch aufzählen. Es sollte leicht sein, die guten Aspekte eines anderen Menschen aufzuzeigen. Wer jedoch bei sich selbst immer nur auf die schlechten Seiten schaut, kann seine eigenen guten Aspekte nicht wahrnehmen. Ihr müsst eure guten Seiten mit offenem Herzen akzeptieren. Dies wird euch motivieren, eure eigene Energie selbst zu erzeugen.

Beginnt ihr erst einmal, im Leben wieder Fuß zu fassen, und kommt es erneut in positive Bahnen, so besteht der nächste Schritt darin, kleine Erfolgserlebnisse zu sammeln. Strebt nicht gleich danach, etwas Großes zu vollbringen. Es ist wichtig, viele kleine Aufgaben erfolgreich zu meistern, um Selbstvertrauen zu entwickeln. Dann werdet ihr imstande sein, genügend Kraft zu speichern, um in Demut über eure Fehler nachzudenken. Ich erachte es für wichtig, diese Schritte zu tun.

Ein weiterer Punkt ist, dass man es vermeiden sollte, sich selbst mit anderen Menschen zu vergleichen. Natürlich werden unzählige Menschen immer besser sein als ihr – und es werden euch natürlich auch viele Leute unterlegen sein. Es ist wichtig, jemanden zu finden, der euch auf eurem Interessengebiet überlegen ist, um dann zu versuchen, dem Betreffenden gleichzukommen. Doch weil der andere euch überlegen ist, bedeutet dies noch längst nicht, dass ihr wertlos seid. Wenn ihr dazu neigt, so zu denken, müsst ihr es ändern.

Ist jemand auf eurem Interessengebiet erfolgreicher als ihr selbst, so müsst ihr diese Person segnen. Ihr solltet ihren Erfolg segnen und den Wunsch haben, auch so zu werden wie sie. Wenn ihr diese Person loben könnt, kommt ihr eurem Ziel, so zu werden wie der Betreffende, einen Schritt näher. Versucht, auf diese Weise zu denken und Menschen zu segnen. Habt das Herz, die Erfolgreichen zu segnen. Dies ist ein Patentrezept gegen Depressionen. Es ist wichtig, den Mut zu fassen und andere zu loben, die bereits erfolgreich sind.

Frage Nr. 4
Vegetarismus

Ist es richtig, Vegetarier zu sein? Ist es falsch, Fleisch zu essen?

Antwort

Schon seit René Descartes vertreten einige westliche Religionen die Ansicht, dass Geist und Körper getrennt sind. Sie glauben auch, dass nur der Mensch eine Seele besitzt, Tiere jedoch nicht. Dieser Glaube war im Westen lange Zeit vorherrschend. Menschen, die Fleisch essen, neigen zu dem Glauben, dass Tiere keine Seele haben. Doch Menschen in den Kulturen des Ostens, wie Indien, glauben, dass auch Tiere eine Seele haben. Im alten indischen Glauben heißt es sogar, dass die Seele abwechselnd im Körper eines Menschen bzw. eines Tieres inkarniert.

In Wirklichkeit reinkarnieren menschliche Seelen grundsätzlich nur als Menschen. Nichtsdestotrotz besitzen auch Tiere eine Seele, auch wenn diese weniger entwickelt ist als eine menschliche Seele. Tiere besitzen Seelen, die verschiedene Gefühle erfahren und Freude, Wut, Trauer und Glück empfinden. Ich finde es daher nicht unbedingt richtig, wenn man sagt, dass wir Tiere schlicht und ergreifend deshalb essen können, weil sie keine Seele haben.

Manch einer mag daraufhin sagen: »Dann sollten wir alle Vegetarier werden.« Doch Pflanzen haben ebenfalls eine Seele. Pflanzen können sich zwar nicht so aktiv bewegen wie Tiere, doch wenn man Pflanzen filmt und dies dann im Zeitraffer abspielt, erkennt man, dass sie sich tatsächlich bewegen, wenn auch sehr langsam. Sie sind lebendig. Sie freuen sich, wenn nach einem heißen Tag der Regen fällt, oder wenn die Sonne nach einer langen wolkenverhangenen Phase endlich wieder scheint. Also empfinden sogar Pflanzen einfache Gefühle wie Freude und Trauer.

Wenn man dies behauptet, wird das Leben für die Menschen nur noch schwieriger. Man wäre nicht mehr imstande, Tiere oder Pflanzen zu essen. Es würde sich nicht mehr die Frage stellen, ob man Vegetarier werden sollte oder nicht – man könnte überhaupt nichts mehr essen. Wenn man überhaupt nichts mehr essen könnte und sterben würde, dann würde die Tatsache, dass Gott in dieser Welt Menschen erschaffen hat, keinen Sinn machen. Man müsste überleben, indem man Steine und Felsbrocken isst. In der Tat sind Mineralien ebenfalls lebendig. Sie wachsen viel langsamer als Pflanzen. Dennoch bilden sie im Laufe von Jahrmillionen und Jahrmilliarden Kristalle aus. In der Tat leben sie sehr, sehr lange. Im Grunde ist alles in dieser Welt von Leben erfüllt.

Es gibt in den verschiedenen Kulturen unterschiedliche Vorstellungen darüber, was man essen und was man nicht essen darf. Doch es macht keinen Sinn, die Existenz oder Nichtexistenz der Seele als Kriterium dafür heranzuziehen, ob man bestimmte Dinge essen sollte oder nicht. Der Mensch ist die am höchsten entwickelte Seele unter allen Lebensformen auf Erden. Wir essen andere Tiere und Pflanzen, und dies mag grausam anmuten. Doch aus einem anderen Blickwinkel heraus betrachtet helfen die Tiere und Pflanzen den Menschen dabei, das Leben zu erfahren und spirituelles Wachstum zu erlangen. Indem sie sich selbst als

Nahrung anbieten, unterziehen sie sich einem sehr erhabenen Seelentraining.

Ob ihr nun Vegetarier seid oder nicht – es ist wichtig, dass ihr Dankbarkeit zeigt, wenn ihr etwas esst. Vielleicht empfindet ihr die Schuld, dass ihr ein Leben genommen habt. Doch ihr könnt dies ausgleichen, indem ihr euer Herz mit Dankbarkeit erfüllt und auf eine Art und Weise lebt und arbeitet, die den Verlust der Leben dieser Geschöpfe wieder wettmacht. Wenn eure Lebensweise deren genommene Leben fünf- bis zehnmal aufwiegen kann, bin ich mir sicher, dass sie das glücklich macht.

Ich mache die Entscheidung, ob es richtig oder falsch ist, Vegetarier zu sein, nicht davon abhängig, ob eine Seele existiert oder nicht. Menschliches Leben aufrecht zu erhalten erfordert viele Opfer. Ich glaube, dass wir diese wertvollen Opfer aufwiegen können, indem wir uns bemühen, eine bessere Gesellschaft aufzubauen.

Frage Nr. 5
Die Pflichten der Politiker

Wie kann ich als Politiker den Bürgern dieses Landes Glück bescheren? Wie kann ich zu ihrem Glück beitragen?

Antwort

Politiker zu sein erfordert viel Kreativität. Du kannst deinen Beruf nicht einfach erfüllen, indem du das nachmachst, was andere vor dir getan haben. Weil der Beruf der Politiker so kreativ ist, haben sie die große Gelegenheit, ihre Visionen von der Zukunft zu verwirklichen. Wer Staatsrepräsentant ist, hat die extrem wichtige Rolle, die Zukunft des Landes zu planen und zu gestalten und Visionen und Träume Wirklichkeit werden zu lassen. Dies ist eine schwierige Aufgabe. Die

Bürger werden euch nach euren Leistungen beurteilen. Keiner weiß vorher, ob eure Vorstellungen richtig sind oder ob sie zu guten Ergebnissen führen werden. Die Bürger werden eure Arbeit lediglich an den Ergebnissen eurer Leistungen messen.

Daher ist es zunächst wichtig, sich eine Vision von der Zukunft auszumalen. Zweitens sollte man die Ressourcen prüfen, die zur Verfügung stehen, wie etwa Budget, Bürger, Industrie sowie natürliche Ressourcen, und überlegen, was man aus diesen Ressourcen erschaffen kann. Ein wichtiger Bereich der Arbeit eines Politikers besteht darin, die Ressourcen zu nutzen, die in dieser Welt verfügbar sind, um Kunstwerke mit grenzenlosem Potenzial zu schaffen. Betrachte daher also, was im Augenblick gerade in deiner Reichweite ist, und denke an die schönen Kunstwerke, die man daraus formen könnte.

Bitte vergiss nicht, dass du eine wichtige Aufgabe zu erfüllen hast, und dass die Pflichten von Politikern den Werken Gottes sehr nahestehen. Materialismus und Atheismus haben viele Menschen beeinflusst. Am Ende jedoch bleibt den Politikern nur Gott, auf den sie sich verlassen können, und viele von ihnen arbeiten tagtäglich mit Gebeten im Herzen. Je höher ihre Position ist, desto intensiver beten sie zu Gott, da sie sich in einer Position befinden, in der sie für Gott arbeiten.

Daher hoffe ich, dass du Zeit finden wirst, dich in aller Stille in Meditation zu üben. Durch spirituelle Disziplin kannst du dich trainieren, um die Stimmen Gottes, des Himmels und der göttlichen Geistwesen zu hören und für ihre Führung sowie die Visionen, die sie uns schicken, empfänglich zu sein. Religiöse Aktivitäten sind niemals kontraproduktiv zu deinem Amt. Religiöse Disziplin wird dir helfen, deine Pflichten als Politiker zu erfüllen. Spitzenführer müssen danach streben, Gott näher zu kommen. Anders ausgedrückt: Politiker müssen Tugenden besitzen. Was bedeutet es, Tugenden zu besitzen? Es bedeutet, dass du imstande bist, viele Menschen zu lieben, sowie, dass du von Herzen die Fähigkeit hast, viele Menschen so zu akzeptieren, wie sie sind.

In Japan gehören viele Politiker einer Religion an. Doch die Meisten von ihnen werden nur Mitglied, um die Stimmen der anderen Mitglieder zu werben. Einige wenige bewusst denkende Politiker jedoch glauben, dass sie nicht qualifiziert sind, das Land zu regieren, solange sie spirituell nicht dem Geist Gottes nahestehen. Ich hoffe, dass du ein Politiker wirst, der seinem Land als große Stütze und weites Tor in eine strahlendere Zukunft dienen wird.

Frage Nr. 6
Über die Todesstrafe

Mehr als die Hälfte der verurteilten Mörder werden Wiederholungstäter. Da das menschliche Leben ewig währt, sollten wir daraus schlussfolgern, dass der Straftäter diese Welt verlassen und es mit einem neuen Leben versuchen sollte. Dann würde das Leben anderer Menschen nicht zerrissen, und die Mehrheit könnte glücklich leben. Doch diese Denkweise kann gefährlich sein. Was denken Sie über die Todesstrafe?

Antwort

Viele Religionen predigen gegen die Todesstrafe. Ich denke, es ist ganz natürlich, dass sie gegen die Todesstrafe sind. Betrachten wir die Thematik jedoch umfassender und aus einem spirituellen Blickwinkel, so denke ich, ist es eine Frage der Schwere des Delikts. Es wäre zu heftig, jemanden zur Todesstrafe zu verurteilen, wenn noch Raum für Mitgefühl besteht. Hat jemand beispielsweise ein Verbrechen unter unabänderlichen Umständen begangen, sollte man von der Todesstrafe absehen.

In islamischen Ländern kann ein Todesurteil schnell an jemanden verhängt werden, der das Gesetz des Islam gebrochen hat. Hat jemand ein geringes Vergehen begangen, so halte ich die Todesstrafe für eine extreme Bestrafung. Wir sollten auf ein ausgewogenes Verhältnis zwischen Strafmaß und Verbrechen achten.

Ich habe gehört, dass die Kriminalitätsrate in Zentral- und Südamerika ungeheuer hoch ist. In Peru ist die Rückfallrate der entlassenen Häftlinge ebenfalls sehr hoch. Aus diesem Grund besucht der Beauftragte von Happy Science in Peru häufig Gefängnisse, um dort unsere Lehren zu predigen. Ziel ist es, die Wahrheiten zu predigen, solange die Straffälligen noch inhaftiert sind, so dass sie nach ihrer Entlassung keine Verbrechen mehr begehen.

Viele Menschen begehen Verbrechen aus Unwissenheit. Diese Menschen schreiben dies wahrscheinlich oft dem Umfeld zu, in dem sie aufgewachsen sind, und glauben, dass sie aufgrund der Welt und der Menschen um sie herum leiden. Ihr könnt diese Menschen erwecken, indem ihr ihnen die Wahrheiten predigt.

Doch im Falle grausamer Verbrechen, wie etwa bei Amokläufen an Schulen, bei welchen Dutzende von Grundschülern auf dem Heimweg getötet werden, wird es den Eltern wahrscheinlich nicht leicht fallen, dem Todesschützen zu vergeben. Wir dürfen auch die abschreckende Wirkung nicht außer Acht lassen. Wenn alle Mörder unter allen Umständen vor der Todesstrafe bewahrt würden, wäre es schwierig, Verbrechen zu verhüten.

Natürlich gibt es Situationen, in welchen das Töten von Leben aus Notwehr geschieht. Wenn ein bewaffneter Räuber in euer Haus eindringt und versucht, euch zu töten, müsst ihr euch verteidigen. Doch wenn heimtückische, brutale Verbrechen an der Tagesordnung sind – wenn wahllose Morde wie bei einem bewaffneten Banküberfall mit zahlreichen Todesopfern zur Normalität werden – dann denke ich, müssen wir unsere Entscheidungen genau abwägen. Unter diesen Umständen würde die Abschaffung der Todesstrafe wahrscheinlich nicht dazu beitragen, die Kriminalitätsrate zu senken.

Wenn möglich möchte ich Verbrechern die Wahrheiten lehren und ihnen sagen: »Was ihr tut, ist ein Akt des Bösen. Ihr werdet dafür viele Hundert Jahre lang in der Hölle leiden.« Doch solange die Wahrheiten sich in der Gesellschaft noch nicht durchgesetzt haben, können wir zumindest dafür sorgen, dass die Hölle nicht noch mehr wächst. Es wäre nicht wünschenswert, guten, unbescholtenen Menschen das Leben zu nehmen.

Als ich nach Brasilien reiste, bemerkte ich, dass viele Gebäude in São Paulo von Eisenzäunen umgeben waren. Diesen Anblick kennt man in Japan nicht. Wahrscheinlich wurden diese Eisenzäune um die Gebäude herum errichtet, weil versucht wurde einzubrechen. Auch Banken sind mit Eisenzäunen umgeben, um die Einbrecher und Räuber fernzuhalten. Im Vergleich zu den Standards der übrigen Welt ist die Kriminalitätsrate in Brasilien hoch, und das Land offensichtlich unsicher.

Eine effektive Polizeitruppe könnte Verbrechen verhindern. Doch wenn es uns nicht gelingt, die Anzahl der Menschen, die nur an sich selbst denken, zu reduzieren, werden wir nicht imstande sein, die Anzahl der Verbrechen zu senken.

Ich denke, wir sollten verschiedene Maßnahmen ergreifen, angepasst an die jeweiligen Verhältnisse, die im betreffenden Land herrschen. In Japan gab es beispielsweise vor etwa 1.000 Jahren eine Epoche, die so genannte »Heian Periode«. Während jener Zeit herrschte mehrere Hundert Jahre lang Frieden, und es wurde laut Überlieferung nicht ein einziges Mal die Todesstrafe vollzogen. Diese Epoche in der Geschichte beweist, dass Frieden in der Gesellschaft möglich ist.

Die Antwort auf deine Frage fällt unterschiedlich aus, je nach dem Stand der Bedingungen, die im betreffenden Land herrschen, wie etwa Kultur, Lebensqualität und Moralvorstellungen.

Doch ich denke, dass die Todesstrafe in Ländern mit einer hohen Kriminalitätsrate nicht so schnell abgeschafft werden sollte. Sie sollte aufrecht erhalten bleiben, um die guten Bürger jenes Landes zu schützen. Man muss stets die Umstände berücksichtigen, wenn man ein Urteil fällt. Würde niemals jemand zum Tode verurteilt, ganz gleich, wie viele Menschen er umgebracht hat, so würden manche Menschen in der Tat beschließen, andere umzubringen. Ich denke also, dass wir die Todesstrafe zum Schutz der guten Bürger nicht völlig abschaffen sollten.

Aus spiritueller Sicht werden diejenigen, die den Mord begehen, nach dem Tod höchstwahrscheinlich zur Hölle fahren. Doch ihre Sünden werden in der Tat gemildert, wenn sie für ihr Verbrechen hingerichtet werden. Es ist wie eine teilweise Täter-Opfer-Entschädigung. Die Kriegshelden der Geschichte, die viele Menschen töteten, starben oft durch die Hand anderer. Die Geister dieser Kriegshelden haben mir erzählt, dass ihre Sünden, dadurch, dass sie selbst getötet wurden, letztendlich abgemildert wurden. Dies ist das Gesetz des Karmas, oder das Gesetz von Ursache und Wirkung. Ihr könnt die negativen Aspekte eures Karmas abmildern, indem ihr das, was ihr anderen angetan habt, selbst auf euch nehmt.

Wer im Namen der Gerechtigkeit kämpft, wie etwa Polizeioffiziere oder Soldaten im Krieg, ist von diesem Prinzip ausgenommen. Ein Polizist im Dienst beispielsweise, der in eine Schießerei verwickelt wird und einen Verbrecher tötet, wird wegen dieser Tat nicht in die Hölle fahren. Aus dem Blickwinkel der Wahrheiten trägt der Anführer – der Politiker, der König oder Präsident – die Verantwortung für diese Tat, nicht die Einzelperson, die nach dem Gesetz handelt.

Im Großen und Ganzen bin ich der Meinung, dass man die Todesstrafe in Ländern, in welchen abscheuliche Verbrechen geschehen, nicht einfach abschaffen darf, sondern damit Verbrechen vorbeugen kann. Ich hoffe, dass wir in naher Zukunft imstande sein werden, Verbrechen zu verhindern, indem wir die Wahrheiten in der ganzen Bevölkerung verbreiten. Ich möchte gern die Kriminalitätsrate senken, indem ich die Lehren auch in Gefängnissen vorstelle.

Auch wenn es stimmt, dass Kriminelle die Last ihrer Sünden im Leben nach dem Tod lindern können, indem sie den Preis für ihre Verbrechen in dieser Welt bezahlen, so ist dies doch in keinster Weise ideal. Eine derartige Situation ist weit von der Modellgesellschaft »Utopia« entfernt, die wir schaffen möchten. Ich bete darum, dass die Eisenzäune in dieser Welt weniger werden.

Ich möchte, dass dieser Planet eine friedliche und sichere Welt wird. Das ist für jeden von uns besser. Lasst uns daher an einer friedlicheren Welt arbeiten. Die goldene Regel in der Welt der Religion lautet: »Was du nicht willst, dass man dir tu', das füg' auch keinem andern zu.« Mit anderen Worten: »Behandle andere so, wie du von ihnen behandelt werden willst.« Wer nicht umgebracht werden will, sollte auch nicht andere töten. Wer nicht will, dass er von anderen bestohlen wird, sollte auch selbst nicht stehlen. Dies ist die goldene Regel. Dies ist die Grundbedeutung von »Moral«. Diese Art von gesundem Menschenverstand sollten wir im Alltag einsetzen.

Trotzdem glaube ich, dass die Regierung dafür verantwortlich ist, die öffentliche Sicherheit zu gewährleisten, und es ist ihre Pflicht, die guten Bürger zu beschützen. Wir sollten den Vollstreckungsbehörden auch wirklich die Macht einräumen, das Gesetz zu vollziehen. Selbst in Japan, einem Land mit niedriger Kriminalitätsrate, kommt es ab und an zu Vorfällen, bei welchen Psychopathen unschuldige Menschen ermorden. Vielleicht sollten wir die Todesstrafe doch noch nicht abschaffen. Wir müssen sie beibehalten, um Verbrechen zu verhindern.

Natürlich wäre es am besten, wenn wir die Menschen mit Worten überzeugen könnten. Doch selbst in Brasilien, wo 80 % der Bevölkerung katholisch ist, ist die Kriminalitätsrate sehr hoch. Sie haben dieses Paradoxon bis heute noch nicht lösen können. Während viele Menschen in Brasilien und in anderen Ländern an Gott glauben, hat die Religion dennoch nicht wirklich die Kraft, dieses Thema zu lösen –

wahrscheinlich aus dem Grund, weil viele zwar von Himmel und Hölle gehört haben, jedoch nur sehr wenige die Anwesenheit der anderen Welt spüren oder spirituelle Erlebnisse haben.

Unser oberstes Ziel ist es, auf diesem Planeten eine friedliche, himmelsgleiche Gesellschaft zu gründen. Zu diesem Zweck müssen wir aktiv Maßnahmen ergreifen, um die Kriminalität zu bekämpfen. Wir müssen das Thema Armut lösen, die Brutstätte für Verbrechen. Um die Armut zu verringern, müssen wir versuchen, bessere Weichenstellungen in Politik und Wirtschaft zu schaffen. Zugleich müssen wir unsere religiösen Bemühungen fortführen, um durch unsere spirituelle Bewegung die Wahrheiten zu verbreiten. Wir werden nicht imstande sein, dieses Thema zu lösen, wenn wir es nicht sowohl auf weltlicher als auch geistiger Ebene angehen. Als Fazit möchte ich feststellen, dass wir derzeit noch nicht soweit sind, die Todesstrafe vollständig abzuschaffen.

Frage Nr. 7
Definition des Antichristen

Im Buch der Offenbarung ist die Rede vom Antichristen. Es heißt, dass diesem viele Menschen folgen werden. Welche Figur verbirgt sich hinter diesem Antichristen?

Antwort

Es herrschen bei uns verschiedene Ansichten über den Antichristen. Wirft man einen Blick auf die 2.000-jährige Geschichte der christlichen Kirche, so denke ich, dass die Vorstellung von einem »Antichristen« eine bequeme Art und Weise war, um jemanden zu beschreiben, der eine Meinung äußerte, die nicht in das Konzept der Kirche passte. Ich persönlich denke jedoch, dass man eine andere Herangehensweise an den Tag legen muss, um den Menschen zu helfen und sie zu erretten, da die Zeiten sich geändert haben. Die ursprünglichen Lehren aufrecht zu erhalten, mag in mancherlei Hinsicht von Vorteil sein – ich glaube jedoch nicht, dass alle neuen Religionen, die nach dem Christentum gegründet wurden, den Lehren von Jesus Christus entgegenstehen.

Es scheint, dass die Kirche im Laufe der Jahrhunderte die Gedanken Jesu in der Bibel herausgenommen hat. Dies trifft insbesondere auf Jesu Lehren über das Spirituelle zu. Darüber hatte er zu Lebzeiten viel gesprochen. Einige der spirituellen Ereignisse, die er erwähnte, sind in der Bibel bis auf den heutigen Tag erhalten. Beispielsweise erwähnt die Bibel oft die Austreibung böser Geister. In der Bibel steht auch, dass Jesus gesagt hat: »Johannes ist tatsächlich der Prophet Elija, dessen Kommen vorausgesagt war.« (Matthäus 11, 14). Das ist der Beweis dafür, dass Johannes der Täufer die Wiedergeburt von Elias war. Wenn ihr die Worte von Jesus Christus lest, die in der Bibel überliefert sind, werdet ihr feststellen, dass er sowohl die spirituellen Kräfte als auch das Prinzip der Reinkarnation zwischen dieser und der anderen Welt als Tatsachen anerkannt hat.

Später tauchten viele weitere spirituelle Philosophien auf, aber jede von ihnen wurde als ketzerisch betrachtet und verfolgt. Zugegeben, einige von ihnen waren tatsächlich ketzerisch, doch andere teilten die gleichen Vorstellungen wie die anderen Weltreligionen. Es handelte sich quasi um einen Mix aus »Weizen und Spreu«. Sie beinhalteten sowohl gute als auch schlechte Glaubensvorstellungen.

Ich glaube, das Kriterium zur Beurteilung, ob eine Religion »gut« oder »schlecht« ist, liegt in folgenden Worten, die Jesus gesagt hat: » Wenn ihr einen gesunden Baum habt, habt ihr gute Früchte von ihm zu erwarten. Wenn ihr einen kranken Baum habt, habt ihr schlechte Früchte von ihm zu erwarten. An den Früchten ist zu erkennen, was der Baum wert ist.« (Matthäus 12, 33).

Der Gründer einer Glaubensgemeinschaft könnte ein »Antichristen« sein, wenn seine Anhänger merkwürdig werden. Schlagen andererseits Menschen, die an die Lehren glauben, den rechten Pfad ein, den Pfad des rechten Glaubens und den Pfad zum Wohlstand, dann muss die Frucht gut sein. Ohne die Unterstützung vieler Menschen können sie keine Anerkennung ernten. Dies gilt nicht nur für Religionen, sondern auch für Unternehmen und andere Bereiche im Wirtschaftsleben. Am Ende denke ich daher, dass das oberste Kriterium, um zu beurteilen, ob eine spirituelle Bewegung den Antichristen verkörpert, darin besteht, ihre Früchte, die Ergebnisse, der Aktivitäten ihrer Mitglieder zu betrachten.

Frage Nr. 8
Über El Cantare

Welche Art von Wesen ist Herr El Cantare?

Antwort

»El Cantare« bedeutet »Licht der Erde«. El Cantare ist ein großes geistiges Wesen, das sich zum Ziel gesetzt hat, allen Geschöpfen, die auf Erden leben, Glück zu bringen, und die gesamte Erde vom Licht erstrahlen zu lassen. In unserer heutigen Zeit hat das Kernbewusstsein von El Cantares unermesslicher Lebensenergie menschliche Form angenommen und ist als Ryuho Okawa geboren worden.

Ich, die Person, die vor euch steht und die den Namen Ryuho Okawa trägt, bin nicht El Cantare in seiner Gesamtheit. Die Mission von El Cantares spiritueller Existenz ist zu groß, als dass diese einen menschlichen Körper bewohnen könnte. Ein menschlicher Körper könnte nicht alle Funktionen und Rollen ausführen, die El Cantare hat. Ein großer

Teil von El Cantares Seele lebt im Himmel. Mein Hand-
lungsspielraum als Mensch ist beschränkt. Als spirituelles Wesen habe ich viel mehr Potenzial.

Das vollständige Wesen namens El Cantare besteht aus
dem Teil seiner Seele, der in meinem physischen Körper auf
Erden lebt, und dem größeren Teil seiner Seele, die im Himmel existiert. Ihr könnt El Cantare als Wesen verstehen, das
mit allen großen Religionen in dieser Welt verbunden ist
und diese führt.

Wenn ihr weitere Informationen zu El Cantare wollt, darf
ich euch auf die anderen Bücher verweisen, die ich veröffentlicht habe.

DAS GROSSE GEISTIGE WESEN EL CANTARE

»El« bedeutet »das Licht« und »Cantare« heißt »das
große Land« oder »der Planet Erde«. El Cantare trägt
die oberste Verantwortung und hat das letzte Wort bei
den Entscheidungen über das Schicksal der Menschheit.

Die Gruppe der Geistwesen der Erde besteht
aus einer Abordnung von Geistwesen, die »göttliche
Geistwesen« heißen. Unter diesen sind geistige Wesen,
die einen solch herausragend hohen Status erlangt haben, dass sie als Götter bekannt sind. Diese Geistwesen
sind Gottheiten, die einen menschlichen Charakter
beibehalten haben. El Cantare ist das höchste große
geistige Wesen der Gruppe der Geistwesen der Erde
und hat die höchste Autorität von allen. Er ist bereits
seit der Zeit vor der Erschaffung des Menschen für die
Führung der Erde verantwortlich.

El Cantare ist ein Wesen, das Gott und Buddha in
sich vereint. Das Wort »Buddha« bedeutete ursprüng-

lich »der Erwachte« oder »der Erleuchtete«. Oft wird es in Bezug auf Gautama Siddhartha benutzt, der auch als Shakyamuni Buddha bekannt ist und während seines Daseins auf Erden die Erleuchtung erlangt hat. Der historische Shakyamuni Buddha war in Wirklichkeit eine frühere Inkarnation von El Cantare. Ein Teil von El Cantares unermesslicher Lebensenergie war als Shakyamuni Buddha auf Erden inkarniert. Das Wort »Buddha« wird auch benutzt, wenn vom Schöpfer des großen Kosmos, vom Obersten Gott, die Rede ist.

Natürlich gibt es in der neunten Dimension des Himmels auch andere große Geistwesen, die die Erde lenken. Sie haben sich bereit erklärt, mit Happy Science zusammenzuarbeiten und dies zu unterstützen. Diese Bewegung wurde von El Cantare initiiert, der sie auch weiterhin leitet. So betrachtet ist Happy Science eine Organisation, die nicht von menschlichen Wesen gegründet wurde. Sie wurde durch den gemeinsamen Beschluss der großen Geistwesen des Himmels eingerichtet. Die Mission von Happy Science besteht darin, mit der Verbreitung der universellen Wahrheiten Gottes, die El Cantare predigt, der gesamten Menschheit die Erlösung zu bringen.

Wenn ihr überlegt, wie ihr das Wesen El Cantare am besten beschreiben könnt, ist es wahrscheinlich am einfachsten, wenn ihr ihn euch als eine Kombination von Buddha und Christus vorstellt. Als El Cantare predigt Meister Okawa Gottes Wahrheiten, während er zugleich Lehren von der Liebe und Erlösung erläutert. Seine Mission besteht darin, Buddhas Lehren der Erleuchtung und gleichzeitig auch die Botschaften Christi von der Liebe zu verbreiten. El Cantare ist auf Erden gekommen, um eine Brücke vom Osten in den Westen zu schlagen und der gesamten Menschheit die Erlösung zu bringen.

Frage Nr. 9
Der Glaube an den Herrn

Wir, die Mitglieder von Happy Science, glauben wahrhaftig daran, dass der Herr auf die Erden herabgestiegen ist. Doch warum glauben dies die Anführer anderer religiöser Organisationen nicht?

Antwort

Ich glaube, dies hat einfach damit zu tun, wie viele Jahre bereits ins Land gezogen sind. Es ist erst 24 Jahre her, dass ich Happy Science gegründet habe. Daher wird es noch eine Weile dauern, bis sie glauben, was wir sagen. Jesus Christus begann beispielsweise im Alter von etwa 30 Jahren offiziell damit zu predigen und tat dies nur ungefähr drei Jahre lang bis zu seinem Tod im Alter von 33 Jahren. Als Jesus starb, hatte er nahezu keine Anhänger. Heute, 2.000 Jahre später, glauben Milliarden von Christen rund um den Globus an ihn. Im Nachhinein ist es schwer vorstellbar, dass die Menschen zu seinen Lebzeiten nicht an Jesus glaubten. Doch die Menschen damals dachten nicht, dass sich das Christentum zu einer der größten Weltreligionen entwickeln würde.

Ihr mögt fragen, weshalb die Menschen nicht an El Cantare glauben. Doch zu keiner Zeit in der Geschichte haben die Menschen einem Erlöser sofort geglaubt. Selbst der Buddhismus brauchte mehrere Jahrhunderte, bis er sich um die ganze Welt verbreitet hatte. Heute sind das Verkehrssystem und die Medien hochentwickelt, und Informationen verbreiten sich im Nu über die ganze Welt. Dennoch wird es eine bestimmte Zeit dauern, bis diese Wahrheit jeden Winkel der Welt erreicht hat. Denjenigen, die an bereits existierende Religionen glauben, wird es schwerfallen, ihren bisherigen Glauben aufzugeben und zu einer neuen Religion zu konvertieren. Es wird zwangsläufig einige Zeit in Anspruch nehmen.

Wer Zugang zum Glauben an neue Religionen findet, ist imstande, bereits etablierte Religionen anzuerkennen. Doch wer schon an eine traditionelle Religion glaubt, hat Schwierigkeiten damit, neue Religionen zu akzeptieren. Etwas Ähnliches ist bei der Beziehung zwischen Christentum und Islam passiert. Ich möchte darauf nicht sehr tief eingehen, da es eine komplizierte Materie ist. Doch es heißt, dass das Christentum und der Islam Schwesterreligionen sind. In der Tat sind sich diese Religionen in vielerlei Hinsicht ähnlich.

Mohammed hat in der Tat sowohl Jesus Christus als auch die Bibel anerkannt. Er schuf den Koran und akzeptierte das Alte und auch das Neue Testament. Daher akzeptiert der Islam das Christentum. Doch das Christentum, als Vorreiter, kann den Islam nicht akzeptieren. Dante, ein italienischer Dichter, schrieb in seiner »Göttlichen Komödie« eine Geschichte über die geistige Welt. Laut seinen Worten waren sowohl Mohammed als auch Shakyamuni Buddha in die Hölle gestürzt. Er sagte, dass alle Begründer einer Religion außer Jesus zur Hölle gefahren sind. Tatsache ist jedoch, dass zahlreiche göttliche Geistwesen auf Erden geboren wurden, um in verschiedenen Ländern die Führung zu übernehmen. Daher finde ich, dass seine Sichtweise recht eingeschränkt war.

Für die Religionen, die zuerst da waren, ist es immer schwierig, eine Religion zu akzeptieren, die nach ihr geboren wird. Die Juden fanden es beispielsweise auch schwierig, an das Christentum zu glauben, denn das Judentum existierte ja vor dem Christentum. Selbst heute noch betrachten die Juden Jesus Christus als Propheten, nicht als Messias. Im islamischen Glauben bezeichnete sich Mohammed selbst als den letzten Propheten. Aus der Sichtweise eines Moslems hat es seit dem sechsten oder siebten Jahrhundert keine Propheten mehr gegeben, und es wird auch niemals mehr welche geben. Für Muslime sind alle Religionen, die nach dem Islam gegründet wurden, falsch.

Wenn die Menschen zu einem neuen Glauben konvertieren, entstehen Konflikte zwischen denjenigen, die sich dem neuen Glauben anschließen und denjenigen, die dem Glauben anhängen, der bereits vorher existiert hat. Jesus hat dazu gesagt: »Denkt nicht, ich sei gekommen, um Frieden auf die Erde zu bringen. Ich bin nicht gekommen, um Frieden zu bringen, sondern das Schwert.« (Matthäus 10, 34–39)

Dies bedeutet, dass es in eurer Familie zu Streit kommen würde, wenn ein Familienmitglied mit jüdischem Glauben zum Christentum konvertieren würde. Jesus umschrieb diese Konflikte mit »das Schwert senden«.

Der Mensch neigt dazu, an die Dinge zu glauben, die vor ihm existiert haben. Um zu beweisen, was wir für richtig halten, haben wir keine andere Wahl, als uns die Zeit zu nehmen und die Lehren zu verbreiten. Wer von euch an diesen neuen Glauben glaubt, muss zu seiner Pflicht und Verantwortung erwachen, die Wahrheiten zu verbreiten. Ich hoffe, dass ihr euch weiterhin bemühen werdet, so dass viele Menschen unsere Bewegung akzeptieren und unterstützen werden.

NACHWORT

Ich habe niemals zuvor so deutlich gespürt, welches Gewicht die Aussage »einmal im Leben« hat, wie während meiner Predigtreise durch Brasilien. Die Predigtreise fand in einem Jahr vieler persönlicher Herausforderungen statt. Ich hielt im Jahr 2010 insgesamt 229 Reden und veröffentlichte zwischen November 2009 und Oktober 2010 sage und schreibe 52 Bücher, die auch auf dem Büchermarkt erschienen sind. Dieser Rekord an Veröffentlichungen ist inzwischen im Guinness Buch der Rekorde eingetragen − als die größte Anzahl an Büchern, die eine Einzelperson je in einem Jahr geschrieben hat.

Ihr mögt vielleicht den Arbeitseifer jenes Jahres von diesen Seiten aufsteigen sehen wie den Rauch von Flammen eines frisch entzündeten Feuers. Das Gewicht meiner eigenen Worte und mein innerer Drang in meiner Eigenschaft als Weltenretter und Weltenlehrer haben mich als Person noch mehr gestärkt und sehr viele Menschen inspiriert. Dieses Buch ist meine Erklärung an die Welt, dass ich diese Lehren bis in jeden Winkel des Globus verbreiten werde.

Ryuho Okawa
Gründer und Vorsitzender der
Happy Science Gruppe
Januar 2011

Die Inhalte dieses Buches wurden aus folgenden Vorträgen zusammengetragen:

1. Kapitel: Euer persönlicher Pfad zum Glück
»Der Pfad zum Glück« [Kofuku e no Michi]
10. November 2010 in Jundiai, Brasilien

2. Kapitel: Erweckt eure Seele für die Wahrheiten Gottes
»Zur Wahrheit erwachen« [Shinjitsu e no Mezame]
12. November 2010 in São Paulo, Brasilien

3. Kapitel: Engel vertreiben die Finsternis und verbreiten Liebe
»Über die Liebe und die Arbeit der Engel« [Ai to Tenshi no Hataraki]
14. November 2010 in São Paulo, Brasilien

4. Kapitel: Wenn man sich für unbesiegbar hält, kann man jede Herausforderung meistern
»Die Kraft des Mottos: ›Ich bin unbesiegbar‹« [Josho Shiko no Chikara]
9. November 2010 in Sorocaba, Brasilien

5. Kapitel: Öffnet das Tor zu Wundern
»Über mystische Kräfte« [Shinpi no Chikara ni Tsuite]
7. November 2010 in São Paulo, Brasilien

6. Kapitel: Fragestunde mit Meister Okawa
F1 Über die Vorbestimmung: 10. November 2010 in Jundiai, Brasilien
F2 Zwei Missionen im Leben: 12. November 2010 in São Paulo, Brasilien
F3 Depressionen überwinden: 10. November 2010 in Jundiai, Brasilien
F4 Vegetarismus: 9. November 2010 in Sorocaba, Brasilien

ÜBER DEN AUTOR

Meister Ryuho Okawa erhielt im Jahr 1981 seine ersten Botschaften von bedeutenden Figuren der Weltgeschichte – von Jesus, Buddha und anderen Wesen aus dem Himmel. Diese heiligen Wesen kamen auf ihn mit leidenschaftlichen Botschaften großer Dringlichkeit zu und ersuchten ihn inständig, den Menschen auf Erden ihre heilige Weisheit zu überbringen. Seine Berufung, ein spiritueller Anführer zu werden und Menschen auf der ganzen Welt mit den lange geheim gehaltenen Wahrheiten über den Ursprung der Menschheit und der Seele zu inspirieren, wurde ihm enthüllt. Diese Gespräche lüfteten den Schleier der Geheimnisse von Himmel und Hölle und wurden zum Fundament, auf das Meister Okawa seine spirituelle Philosophie aufgebaut hat. Als er spirituell immer bewusster wurde, erkannte er, dass diese Weisheit das Potenzial enthielt, der Menschheit dabei zu helfen, religiöse und kulturelle Konflikte zu überwinden und ein Zeitalter des Friedens und der Harmonie auf Erden einzuläuten. Kurz vor seinem 30. Geburtstag gab Meister Okawa seine vielversprechende Karriere im Geschäftsleben auf und widmet sich seitdem persönlich der Veröffentlichung der Botschaften, die er vom Himmel bekommt. Bis heute hat er mehr als 1.200 Bücher veröffentlicht (Stand Juli 2013) und ist in Japan zum Bestseller-Autor avanciert. Die Allgemeingültigkeit der Weisheit, die er lehrt, die Tiefe seiner religiösen und spirituellen Philosophie, sowie die Klarheit und das Mitgefühl in seinen Botschaften ziehen weiterhin Hunderte von Millionen von Lesern an. Neben seiner Schriftstellerei, die er weiterhin betreibt, hält Meister Okawa auch weltweit öffentliche Reden und Vorträge.

ÜBER HAPPY SCIENCE

1986 gründete Meister Ryuho Okawa Happy Science, eine spirituelle Bewegung, die sich dem Ziel verschrieben hat, der Menschheit mehr Glück zu bescheren, indem sie die Schwellen überwindet, die durch die Zugehörigkeit zu verschiedenen Rassen, Religionen und Kulturen entstehen, und indem sie auf das Idealbild einer Welt hinarbeitet, die in Frieden und Harmonie vereint ist. Happy Science ist dank der Unterstützung durch Anhänger, die im Einklang mit den erleuchteten Worten der Weisheit von Meister Okawa leben, seit der Gründung in Japan rapide gewachsen und breitet sich nun über die ganze Welt aus. Heute zählt die Bewegung mehr als 12 Millionen Mitglieder rund um den gesamten Globus. Sie unterhält Glaubenszentren in vielen Großstädten, u. a. auch in New York, Los Angeles, San Franzisko, Tokio, London, Sydney, São Paulo, Seoul und Berlin.

Meister Okawa spricht im wöchentlichen Turnus in einem der Zentren von Happy Science und reist mit einer öffentlichen Vortragsreihe um die Welt. Happy Science bietet verschiedene Programme und Dienste an, um Gemeinden und Menschen in Not vor Ort zu unterstützen. Zu diesen Programmen zählen Vorschulprogramme, externe Bildungsprogramme für Jugendliche im Anschluss an die Schulzeit, sowie Dienste für Senioren und behinderte Menschen. Die Mitglieder nehmen auch an gesellschaftlichen Aktivitäten und Wohltätigkeitsprojekten teil, die in der Vergangenheit u. a. zur Unterstützung der Erdbebenopfer in Chile und China beigetragen haben, richten Hilfsfonds für eine Wohltätigkeitsschule in Indien ein und spenden Moskitonetze an Krankenhäuser in Uganda.

Programme und Veranstaltungen

In den Glaubenszentren von Happy Science werden regelmäßig Veranstaltungen, Programme und Seminare angeboten. Besucht unsere Meditationsstunden, Videovorträge, Studiengruppen, Seminare und Buchvorstellungen.

Unsere Programme sind hilfreich für folgende Ziele:

- Vertiefung des Verständnisses von Sinn und Zweck des Lebens
- Verbesserung eurer Beziehungen durch das Erlernen der bedingungslosen Liebe
- Beruhigung des Geistes durch das Üben von Kontemplation und Meditation selbst an hektischen Tagen
- Erlernen von Methoden, um die Herausforderungen des Lebens zu meistern
  … und vieles mehr.

Internationale Seminare

Alljährlich versammeln sich Freunde aus aller Welt, um an unseren internationalen Seminaren teilzunehmen, die in unseren Glaubenszentren in Japan stattfinden. Jedes Jahr werden neue Programme angeboten, die ein weites Spektrum an Themen abdecken, u. a. die Verbesserung von Beziehungen, das Üben des Achtfachen Pfades zur Erleuchtung und die Hinführung zur Eigenliebe, um nur einige zu nennen.

Happy Science Zeitung

Entnehmt unserer Zeitung »HAPPY SCIENCE JETZT!« die neuesten Botschaften von Meister Okawa. Ihr werdet auch Berichte von Mitgliedern über ihre lebensverändernden Erfahrungen und vieles mehr darin finden. Sie kann für 20 Euro pro Jahr abonniert werden.

KONTAKTDATEN

Happy Science ist eine weltweit arbeitende Organisation, die ihre Glaubenszentren rund um den gesamten Globus unterhält. Eine vollständige Liste aller Zentren findet sich unter www.happy-science.org.

Im Folgenden einige der vielen Sitze von Happy Science:

HAPPY SCIENCE
BERLIN (DEUTSCHLAND)
Akazienstraße 27
10823 Berlin, Deutschland
Tel.: 0800 1956 777
Tel.: +49 (0) 30 7895 7477
Fax: +49 (0) 30 7895 7478
E-Mail: germany@happy-science.org
Website: www.happy-science.eu

WIEN (ÖSTERREICH)
Zentagasse 40-42/1/1b
1050 Wien, Österreich
Tel. & Fax: +43 (0) 1 94 55 60 4
E-Mail: austria-vienna@happy-science.org
Website: www.hs-austria.org

LUZERN (SCHWEIZ)
Neustadtstrasse 7
6003 Luzern, Schweiz
E-Mail: switzerland@happy-science.org
Website: www.happy-science.ch

**INTERNATIONALE ZENTRALE
TOKIO (JAPAN)**
1-6-7 Togoshi, Shinagawa
Tokio, 142-0041 Japan
Tel.: +81 (0) 3 6384 5770
Fax: +81 (0) 3 6384 5776
E-Mail: tokyo@happy-science.org
Website: www.happy-science.org

WEITERE BÜCHER
VON RYUHO OKAWA

DAS GESETZ DER SONNE
– Der Aufgang der buddhistischen Sonne
in unserer modernen Welt
ISBN 978-3850685825

DAS GOLDENE GESETZ
– Die Geschichte der Menschheit
durch die Augen des Ewigen Buddha
ISBN 978-3942308014

DER AUFSTIEG DURCH DIE DIMENSIONEN
– Die Gesetze der Ewigkeit
ISBN 978-3898451567

DANKE, MIR GEHT ES BESTENS!
– Herausforderungen gelassen meistern
ISBN 978-3898453295

SELBSTHEILUNG
– Die wahre Beziehung zwischen Geist und Körper
ISBN 978-3942308007

**WER SEIN LEBEN VERÄNDERT,
VERÄNDERT DIE WELT**
– Ein spiritueller Ratgeber für das Leben im Hier und Jetzt
ISBN 978-3-848-22108-0

DIE ESSENZ DES BUDDHA
– Der Pfad der Erleuchtung
ISBN 978-3898451093

DIE HERAUSFORDERUNG DES GEISTES
– Karma und menschliches Glück
ISBN 978-3898452113

DER URSPRUNG DES GLÜCKS
– Ein praktischer und intuitiver Ratgeber, um Glück, Liebe,
Weisheit und Vertrauen zu erlangen.
ISBN 978-3866160057

DER URSPRUNG DER LIEBE
–Vom Wesen des Mitgefühls
ISBN 978-3866160484